カタカナ シャンソン フランス語

Katakana Chansons Françaises

うのわ周行

はじめに

　本書「カタカナ シャンソン フランス語」はシャンソン（フランス語で「歌」の意味）の原詩にカタカナによる読み仮名を振り、フランス語に馴染みのない人でもシャンソンを原語で歌い、かつ、歌詞の内容が理解できることを目的に作成したものです。

　優れた歌曲はその旋律を聞いただけでも感動を与えるものです。また、歌詞の内容がわからなくても雰囲気は伝わるものですが、その歌詞が何を物語っているのか知ることができたらさらに神髄に迫れるものになります。人によっては原語歌詞の読み方、発音の手引き、内容解説さえあれば自ら歌ってみたいと考える方もいるでしょう。この本はそのような歌うことが好きな人、シャンソンを原語で歌ってみたい方々を対象に作られています。

　また、本書は外国語に関心がある方にも役にたつものです。外国語の学習には各種の方法がありますが本書は歌を切り口としてある程度フランス語が理解できるよう発音や文法に関して代表的、基礎的な点を記載しています。語学を体系的に学習するには時間を割けない方でも歌を習得する過程で自然にある程度部分的な語学学習ができるよう配慮しています。

　本書に収められているシャンソンの原曲はすべて定番のよく知られた曲であり、日本でも容易にCDやダウンロードサイトから入手が可能です。2017年春現在、幸いにしてすべてパソコン、又は、スマートフォンを通じてユーチューブから聞くこともできます。また、シャンソンのカラオケもユーチューブから得ることができます。それらと本書を活用しシャンソンの歌唱に取り組みましょう。

　尚、自宅にパソコンのない方、あるいは、スマートフォンを持たない方は市販されているCDから好きなシャンソンが含まれているものを入手していただくようお願いいたします。

　不慣れな外国語の歌を歌う際にうまくいかないことがあって当然です。発音はあまり気にせず、まずはへたでもいいからを楽しむことを心がけ歌いましょう！

著者

目次

はじめに　　　　　　　　　　　　　　　　　　　　　3

目次　　　　　　　　　　　　　　　　　　　　　　　5-7

『 カタカナシャンソンフランス語の案内 』

シャンソンの原曲を聞きましょう　　　　　　　　　　8
　　　ユーチューブの活用 / 市販CDの活用 / iTunesなどの活用

歌う曲を選びましょう　　　　　　　　　　　　　　　9

歌ってみましょう　　　　　　　　　　　　　　　　　9

歌詞を理解しましょう　　　　　　　　　　　　　　　9
　　　歌詞の訳について

言葉の意味を理解しましょう　　　　　　　　　　　　10
　　　単語の訳について（名詞　動詞　形容詞　副詞　前置詞）

「発音の留意点」について　　　　　　　　　　　　　11

「文法関連」について　　　　　　　　　　　　　　　11

自宅カラオケで歌ってみましょう　　　　　　　　　　11, 12
　　　原語シャンソンのカラオケの入手方法　（ユーチューブカラオケの活用）
　　　スマートフォン等の音をさらに大音量にしたい場合
　　　テレビでスマートフォンのカラオケあるいは歌唱を聞きたい場合
　　　自宅にスマートフォンもパソコンもない場合

カタカナシャンソン習得のコツ　　　　　　　　　　　13

参考：　フランス語の字母　　　　　　　　　　　　　14

『 カナカナシャンソンフランス語　本編 』

「シャンソン曲名・歌手」　　　「発音の留意点」/「文法関連」

1. ラ・メール　LA MER　Charles Trenet　　　　　　　　　16, 17

　　　 r と l 、語末の e の発音　　　　　　　　　　　　　　 18
　　　　　　　　　　　　　　/ 冠詞、冠詞の縮約形　　　　　19

2. 幸福を売る男　LE MARCHAND DE BONHEUR　　　　　20-25
　　　　　　Les Compagnons de la chanson

　　　 語末の子音字、Je, Tu, Vous の発音　　　　　　　　　　26
　　　　　　　　　　　　　　/ 人称代名詞　　　　　　　　　27

3. サントワマミー　SANS TOI MAMIE　Adamo　　　　　　28-31

　　　 ai, ou, oi 等、連続母音字の発音　　　　　　　　　　　 32
　　　　　　　　　　　　　　/ 所有形容詞と所有代名詞　　　33

4. セ・スィ・ボン　C'SET SI BON　Yves Montand　　　　　34-39

　　　 si、s の発音、エリズィオン（縮約形）　　　　　　　　40
　　　　　　　　　　　　　　/ 指示形容詞と指示代名詞　　　41

5. ムーランルージュの唄　MOULIN ROUGE　Georges Guétary　42-45

　　　 母音+n、母音+m の発音（鼻母音）　　　　　　　　　 46
　　　　　　　　　　　　　　/ 人称法動詞の形態 4 mode　① 直説法　46, 47

6. バラ色の人生　LA VIE EN ROSE　Edith Piaf　　　　　　48-51

　　　 リエゾン（連音）：リエゾンする組合せ　　　　　　　 52
　　　 リエゾンする語末子音字の発音　　リエゾンしない組合せ　53

「シャンソン曲名・歌手」	「発音の留意点」/「文法関連」	
7. モンマルトルの丘　COMPLAINTE DE LA BUTTE　Cora Vocaire		54-57
アンシェヌマン、h の発音		58
	/ ② 命令法	59
8. 枯葉　LES FEUILLES MORTES　Yves Montand		60-63
半母音の綴りと発音		64
	/ ③ 接続法	65
9. 恋は水色　L'AMOUR EST BLEU　Vicky		66-71
cœur と court の発音の相違、bleu の発音		72
母音表、半母音、鼻母音		73
10. 雪が降る　TOMBE LA NEIGE　Adamo		74-77
カタカナ表記と実際の音節、e の音節		78
	/ 動詞の種類	79
11. 愛の讃歌　HYMENE A L'AMOUR　Edith Piaf		80-83
/ Si を用いた仮定の表現	/ ④ 条件法	84, 85
12. 詩人の魂　L'AME DES POETES　Charles Trenet		86-91
/ 動詞 avoir	/ 動詞 être	92, 93
13. 動詞語尾変化表（直説法・命令法・条件法・接続法）		94, 95
動詞 avoir, 動詞 être, -er 動詞の活用、準助動詞		96-99
14. 曲名・歌手・作詞者・作曲者一覧表		100, 101
15. 項目早見表　（目次各項目を末尾にて一覧表にしたもの）		102

『 カタカナ シャンソン フランス語の案内 』

シャンソンの原曲を聞きましょう

ユーチューブ（YouTube）の活用

まずはシャンソンの原曲（オリジナルソング）を聞いてみましょう。
本書に記載のシャンソンはすべてユーチューブから聞くことができます。(2017年春現在)

ユーチューブのアクセス方法は次のとおりです。

- パソコンあるいはスマートフォンからYAHOOやGoogle等のサイトを開きます。YAHOO、Google等の検索欄に「YouTube」あるいは「ユーチューブ」と入力し、ユーチューブのホームページを開きます。

・ ユーチューブの検索欄に下記を入力しましょう。

① <u>シャンソンの曲名</u>（アルファベット入力）
② <u>歌手名</u>（アルファベット入力）

　シャンソンの曲名、歌手名は目次の他、各曲の冒頭の頁、及び、末尾の曲名・歌手名等一覧表に記載されていますのでそれらを参照してください。
　また、これらのシャンソンは動画投稿者によってカバーされたものもありますので参考にすることもできます。

市販CDの活用

　パソコンやスマートフォンがないためユーチューブを活用できない方は市販のシャンソンのCD（コンパクトディスク）を購入してください。

iTunesなどのダウンロードサイトの活用

　iTunesなどのダウンロードサイトで購入する。検索方法はユーチューブと同じです。別の歌手によってカバーされたものもありますので聞き比べてみるのも良いしょう。

歌う曲を選びましょう

　シャンソンの原曲を聞いたら、歌う曲を選びましょう。
　最初の曲として選曲する際、重視すべきことは次の点です。

① 　自分の好みの曲であること

② 　歌いやすそうな曲であること

歌ってみましょう

　歌いたい歌を選んだら原曲の歌唱に合わせて一緒に歌ってみましょう。
本書はフランス語の歌詞にカタカナで発音を表記していますのでそれを参考にして下さい。
（ただし、読み方に慣れてきたら、できるだけフランス語の原文の歌詞を見るようにしましょう。）
　なお、日本語の歌詞がある程度知られている曲はそれを併記しています。

　R、r（エーる）を含む舌が口蓋に触れない語の発音には平仮名の「ら」行を記載しています。舌が口蓋に触れる L、l（エル）（日本語のラ行）の発音との相違を明確にするためです。

歌詞を理解しましょう

歌詞の訳について

　各歌詞の右側の頁に歌詞の訳が記載されているので歌詞の内容を把握しましょう。
訳は歌唱用ではなく、原文の理解を優先するため、極力直訳にしており、言葉のならびも原詩とできるだけ揃えてあります。
　このため、通常の日本語の会話では言わない主語や間接目的語が何度も出てきます。
また、語順が日常会話とは異なるものがあることを了解願います。
（内容理解のための訳のため、文学的、詩的な訳にしていません。）

言葉の意味を理解しましょう

単語の訳について

名詞

男性名詞、女性名詞の区別を明示するため冒頭に下記の略号を付けています。

男性名詞　　:m　　　　（nom masculin　ノン　マスキュラン）
女性名詞　　: f　　　　（nom féminin　ノン　フェミナン）

動詞

動詞は歌詞に記載されている動詞のまま記載し、その訳を記載しています。
末尾に活用形態を略記しています。

例：三単現　（直説法三人称単数現在形の略）　　二複現（直説法二人称複数現在形の略）
　　（直説法ではない動詞には接続法、条件法、等を記載している。）

なお、原形動詞で末尾が er の一般的な直説法現在形のもので動詞の活用が容易にわかるものは歌詞の中の動詞表記ではなく原形動詞をそのまま記載している箇所もあります。

形容詞

形容詞で男性形、女性形のあるものは下記のような表記を原則としています。

clair, e　（クレーる）　（男性形は clair　女性形は claire となることを示す。）

副詞、前置詞等は訳のみを記載しています。

尚、複数形で特殊な変化をする名詞、形容詞は一部 pl. の略号を用いています。
(pl. : pluriel プリュリエル　複数形の略)

「発音の留意点/発音関連」について

　日本語にはなくフランス語に特有の発音、よく出てくる単語で発音に留意すべきこと等を発音の留意点として記載しています。
　英語の発音と大きな相違がないと考えられるものは説明から除外しています。
フランス語の綴りの読み方、複合母音、半母音、及び、単語間の発音に関するエリズィオン（縮約形）、リエゾン（連音）、アンシェヌマン（連鎖音）等に関しても記載しています。
発音関連の記載は曲毎に課題を取り出しているため、一部に別個所に記載した内容の重複、類似説明の繰り返しがあります。

「文法関連」について

　フランス語の基礎となる冠詞、代名詞、主要形容詞、動詞等に関して概要がわかる程度の説明をところどころに記載しています。
　これは、フランス語に馴染みのない方でもその共通的な基本部分を知っていた方が歌詞の理解に役立つと考えられるためです。

　発音、文法ともあくまで基本的な点の一部のみ記載であり、体系的なものではありません。全体像の把握、詳細について関心のある方、あるいは、変則的、特殊なものについても確認したい方は各種の参考書で学習してください。

自宅カラオケで歌ってみましょう

原語シャンソンのカラオケの入手方法（ユーチューブ活用）

　カラオケはフランス語で《karaoké》です。
　このためパソコン、スマートフォン等でユーチューブの検索欄に①シャンソンの題名に加えて②karaoke をアルファベット入力するとシャンソンのカラオケ演奏とフランス語の歌詞表示を入手することができます。

スマートフォン等の音をさらに大音量にしたい場合

　スマートフォンの音よりもう少し大きなカラオケ音にしたい場合は次のような方法があります。

Bluetooth 機能付きのスピーカー、又は、CD ラジオ、オーディオ機器を活用する。
（スマートフォンの操作は各自確認願います。）

　オーディオ機器類には SD カード用、USB メモリ用、PC IN 用、LINE IN 用の接続構造を持つものもあります。パソコンからユーチューブをダウンロードし、それらを活用する場合は家電販売店に使用方法を確認願います。

テレビでスマートフォンのカラオケあるいは歌唱を聞きたい場合

　スマートフォンのユーチューブの画像、及び、演奏は HDMI 端子を持つテレビに専用コードを接続し視聴することが可能です。
　この場合、HDMI の端子とスマートフォンの端子の形状が異なりますので機種によっては 2 種類のコードを購入し接続することが必要になる場合があります。
　コードをスマートフォンの端子とテレビの HDMI 端子に接続したらテレビのリモコンの入力ボタンを操作し、接続した HDMI 端子番号（例 HDMI1、あるいは、HDMI2）を選択して視聴してください。

　なお、上記に記載した内容を実施する際にオーディオ機器、あるいは、コード等の入手が必要になりますが、対応可能機種、作動方法の確認、購入等は、家電販売店に相談していただき、あくまで、自己責任のもとで行なっていただくようお願いします。

スマートフォンもパソコンもない場合

　自宅にスマートフォンもパソコンもない場合は、街のカラオケ店に行きましょう。
　本書に取り上げたうちの数曲は街のカラオケ店の楽曲に含まれています。
（カラオケ店では歌手名、楽曲名から選曲できますが、外国曲、シャンソンの項目から選べる場合もあります。）

カタカナシャンソン習得のコツ

　発音はあまり気にせず、まずは楽しみしょう。
　母語ではない外国語の発音を完璧に習得するのは困難なことです。差があって当然です。発音の細部にこだわり、気難しい気持ちになっては歌の心情を表現できません。むしろ、ネイティブの発音には追いつけないけど、その差、ズレを楽しめるぐらいの心の余裕、そして、差を埋めることにゲーム的感覚を持って取り組む気持ちが大切です。（模倣の遊戯性）

　心情を表現しましょう。
　フランス語には馴染みのない人たちが聞く場合も考慮するとなおさら発音の正確さより曲の持つ心情が音質や言葉の響きとして発声されているか、雰囲気が音として表現できているか、等がより重要になります。そのためにも歌い手は原語の言わんとすることを理解しておいた方がよいのです。

　メロディーの流れ、リズムに乗せることも心がけましょう。
　発音の細部を気にしすぎるとぎくしゃくし、メロディーやリズムに乗れない、乗り遅れるといった状況がうまれます。このため、正確な発音よりリズムやメロディーの流れに歌詞を乗せることを優先しましょう。

　できたら、好きなシャンソンを暗唱してしまいましょう。
　歌の暗唱は脳にもいい刺激になります。また、歌唱は健康にも気分にも良い影響を与えます。一曲の歌を一度に覚えるのは困難ですが少しずつなら可能です。コツとしては、一フレーズ、又は、二フレーズ程度、各フレーズの流れをひとつのまとまりとして、無理せず、徐々に暗唱して増やすことです。曲の冒頭箇所が複雑な発音の場合は、別の個所のわかり易く、歌いやすい部分から取り組みましょう。そして、一曲暗唱したら、時間の余裕のある時にでも次の曲の暗唱にチャレンジしてレパートリーを増やしましょう。

　コツは急がずコツコツやることです。読んで覚えるよりフレーズを口に慣らして、「慣れ」で覚えてしまいましょう。「習うより慣れろ」が大切です。

　さあ、カタカナシャンソンの出発です。

　Bon courage et bonne chance !　　ボン　クらージュ　エ　ボンヌ　シャンス
　　　　　　　　　　　　　　　　　　がんばってください　幸運をお祈りします。

フランス語の字母　Alphabet　[alfabɛ] (アルファベ)

大文字	小文字	発音記号	仮名	大文字	小文字	発音記号	仮名
A	a	[ɑ]	ア	N	n	[ɛn]	エヌ
B	b	[be]	ベ	O	o	[o]	オ
C	c	[se]	セ	P	p	[pe]	ペ
D	d	[de]	デ	Q	q	[ky]	キュ
E	e	[ə]	ウ	R	r	[ɛːr]	エール
F	f	[ɛf]	エフ	S	s	[ɛs]	エス
G	g	[ʒe]	ジェ	T	t	[te]	テ
H	h	[aʃ]	アシュ	U	u	[y]	ユ
I	i	[i]	イ	V	v	[ve]	ヴェ
J	j	[ʒi]	ジ	W	w	[dubləve]	ドゥブルヴェ
K	k	[kɑ]	カ	X	x	[iks]	イクス
L	l	[ɛl]	エル	Y	y	[igrɛk]	イグレク
M	m	[ɛm]	エム	Z	z	[zɛd]	ゼドゥ

注記：o と e が連続する場合、通常 œ と 1 文字のように綴られる。合字の œ (œ composé)。

母音字　Lettres-Voyelles :　　A, E, I, O, U, (Y)

子音字　Lettres-Consonnes :　　B,C,D,F,G,H,J,K,L,M,N,P,Q,R,S,T,V,W,X,Z

語尾の子音字：単語の綴りの最後にある子音字は、一般に発音しない。　例: Paris [pari]
　　　　　　（b、d、g、h、j、k、m、n、p、s、t、v、w、x、z、）
ただし、短い単語の語末子音字、特に c、f、l、r、q は発音されることが多い。

綴字記号　Signes orthographiques

´　　：　アクサン・テギュ　　accent aigu：　　　　　　é　(ウ・アクサン・テギュ)
｀　　：　アクサン・グらーヴ　accent grave：　　　　　à è ù
＾　　：　アクサン・スィるコンフレクス　accent circonflexe：　â ê î ô û
¨　　：　トゥれマ　　tréma：　　　　　　　　　　　　ë ï ü
　　　　　（この記号のついた母音字は前の母音字と切り離して読まれる）
ç　　：　セディーユ　cédille　(c の下にひげを付けて[s]の音を表す)　ç
'　　：　アポストゥロフ　apostrophe　(省略された文字があることを示す)
－　　：　トゥれ・ディュニオン　trait d'union　(英語のハイフォン)
　　　　　（主語人称代名詞と動詞の倒置形、複合語等に用いられる）

『カタカナ シャンソン フランス語　本編』

1. LA MER　ラ・メール (海)　Charles Trenet

La mer qu'on voit danser
ラメーる　コン　ヴォワ　ダンセ

Le long des golfes clairs
ルローン　デ　ゴルフ　クレーる

A des reflets d'argent
ア　デ　るフレ　ダるジャン

La mer
ラメーる

Des reflets changeants
デ　るフレ　シャンジャン

Sous la pluie
スラ　プリュイーゥ

　　　La mer au ciel d'été
　　　ラメーる　オスィエル　デテ

Confond ses blancs moutons
コンフォン　セブラン　ムトン

　　　Avec les anges si purs
　　　アヴェク　レザンジュ　スィピューる

La mer
ラメーる

　　　Bergère d'azur
　　　べるジェーる　ダズューる

Infinie
アンフィニーゥ

Voyez　près des étangs
ヴォワィエー　プれ　デ　ゼタン

Ces grands roseaux mouillés
セグらン　ろゾー　ムイュエー

Voyez　ces oiseaux blancs
ヴォワィエー　セゾワゾ　ブラン

Et ces maisons rouillées
エセ　メゾン　るイュエー

　　　La mer　les a bercés
　　　ラメーる　レザべるセ

Le long des golfes clairs
ルロン　デゴルフ　クレーる

　　　Et d'une chanson d'amour
　　　エディュヌ　シャンソン　ダムーる

La mer
ラメーる

　　　A bercé mon cœur
　　　アべるセ　モンクーる

Pour la vie
プーる　ラ　ヴィーゥ (/アー)

LA MER
Words by Charles Trenet　Music by Charles Trenet & Albert Lasry　© 1945 by EDITIONS RAOUL BRETON
All rights reserved. Used by permission.　Rights for Japan administered by NICHION, INC.

　　　　海が踊っている（波打っている）のが見える　　　　　　明るい入り江の並びに沿って
la 定冠詞女性形　　mer :f 海、波　　qu' 関係代名詞目的語 que の縮約形　　on 人々、私たち
voit 見る voir 三単現　　voir+目的語＋不定詞：〜が〜するのを見る　　danser 踊る
le 定冠詞男性形　　long :m 長さ　　le long de 〜に沿って、〜沿いに　　des= de + les の縮約形
de〜の　　les 定冠詞複数形　　golfe :m 湾、入り江　　clair, e 明るい、澄んだ
　　銀色に輝いている　　　　　　　　　　　　　　　海
a 持つ、ある、有する avoir 三単現、主語は海　　des 不定詞複数形
reflet :m 反射、照り返し、輝き　argent :m 銀、銀色、お金
　　きらきらと輝き反射する　　　　　　　　　雨の降るときに
changeant, e 変りやすい、さまざまに変る、きらきら光る
sous la pluie 雨空の下では、雨の中　sous〜の下、の状態下　　pluie :f 雨

　　　　　　　　海は　夏の空で　　　　　　　　　　その白い羊たちが
au ciel d'été 夏の空では、夏空に　au 場所を示す前置詞 à と男性定冠詞 le の縮約形
ciel :m 空　　été :m 夏　　d'été=de+été の縮約形
confond 混ぜる、混同する confondre A avec B :A を B と取り違える confondre 三単現
ses blancs moutons その白い羊達＜白波、又は、羊雲の比喩＞）　　ses 所有形容詞、
その、彼・彼女の　　blanc, che 白い、白色の　　mouton :m 羊、白波、羊雲
　　とても純真な天使達とも　　　　　　　見紛(みまご)うかのよう
avec と共に　ange :m 天使　si かくも、とても　pur, e 純粋な、清純な
　　海は紺碧の羊飼いの娘　　　　　　　　果てのない
bergère :f 羊飼いの女・娘、恋人　berger :m 羊飼いの男　　azur :m 青空、青・紺碧
infini, e 無限の、広大な、果てしない

ごらん　近くの湖水にひろがる　　　　　　　　あの大きな濡れた葦の茂みを
voyez 御覧なさい、見て voir 二複現命令法　　près de の近く　étang :m 池、湖沼、潟
ces それらの　　grand, e 大きい　roseau (pl. x) :m 葦(あし)　　mouillé, e 濡れた
　　ごらん　あの白い鳥たちを　　　　　　そしてあの寂れた家々を
oiseau (pl. x) :m 鳥　　maison :f 家、家並　rouillé, e 錆びた、錆色の、衰えた
　　　　海は　それらを優しくゆすってきた　　　明るい入り江に沿って
les それらを　bercé 揺する、あやす、なだめる、和ませる bercer 三単複合過去
　　そして、愛の歌で　　　　　　　　　海は
et そして、〜と　d'une : de + une 縮約形　de〜で　chanson :f 歌　amour :m 愛
　　私の心を和ませてくれた　　　　　　いつまでも
cœur :m 心、気持ち　pour la vie いつまでも、一生、人生のために

発音の留意点

子音字 r（エール）の発音：本書にて「ら、り、る、れ、ろ」の平仮名で表記する r の発音
（r：字母呼称は　[ɛːr]　エール）

mer [mɛːr]（海）「メール」の「る」は、舌先が上前歯裏側につかない「る」。

便宜的には語頭でウの舌の状態をなるべく保ったまま、ゥら－ゥり－ゥる－ゥれ－ゥろ
(uら－uり－uる－uれ－uろ)　を発音すると、[r]の頭音に近くなる。

ただし、動詞不定法の語尾～er は[e]エのみとなり、r は発音しない。
例：danser [dɑ̃se]ダンセ（踊る）（「ダンセール」と発音しない。）

子音字 l（エル）の発音：本書にて「ラ、リ、ル、レ、ロ」のカタカナで表記する l の
　　　　　　　　　　　　発音　（l：字母呼称は [ɛl]　エル）

La mer の冠詞 la「ラ」は、舌先を上前歯の裏側にあてて発音する。
（日本語のラリルレロに似た音）（冠詞の種類については右頁参照）

語末の母音文字　e（ウ）の発音　　（e：字母呼称は）[ə]　ウ）

pluie プリュィ(ウ) [plɥi(ə)]（雨）
infinie アンフィニ(ウ) [ɛ̃fini(ə)]（無限の、果てない）
vie ヴィ(ウ/ア) [vi(ə)]（人生）

これらの言葉は通常の会話では、語末の e を発音しない。(e muet ウ・ミュエ発音しない e)
詩歌の場合は、e [ə]ウ音が一音節（syllabe）として発音されることがある。

楽譜などで e を発音しないことを明示する場合は表記上、e のかわりにアポストロフ
apostrophe 記号 ’ を置いて表記しているものもある。
　　（詩法では、syllabe スィラブは「綴り上の音節」を指し、音綴（おんてつ）とも呼ぶ。）

e [ə]は弛緩母音とされ、舌の位置、口の開きも中間的な状態で無緊張状態で曖昧に発声され
る。（P73 母音表参照）このため音の強弱により、「ウ」にも「ア」等、他の近接する母音に
近い響きにも聞こえる。また、韻を踏むため他の語末の響きと合わせ歌唱される場合もある。

冠詞 article について

特定化されない名詞には不定冠詞がつく。(英語の a、an に相当)
特定化された名詞には定冠詞がつく。(英語の the に相当)
計量化されない、いくらかの量・程度の物質名詞には部分冠詞がつく。

不定冠詞 article indéfini

性＼数	単数	複数
男性	un アン	des デ
女性	une ユヌ	

定冠詞 article défini

性＼数	単数	複数
男性	le (l') ル	les レ
女性	la (l') ラ	

部分冠詞 article partitif

性＼数	単数
男性	du (de l') ディュ
女性	de la (de l') ドゥラ

発音の注意：Un [œ̃]、Une [yn]は便宜上、カタカナ二文字で表記しているが両者とも一音節。
　　　　　　Un [œ̃]は（ア）の口が開いた状態で（ン）を鼻に響かせる。
　　　　　　Une [yn]は（ユ）の後に子音[n]のみ発音する。[ユン/ユヌ]

定冠詞の縮約形：　定冠詞は前置詞 à, de との縮約形を形成する。
　　à + le → au オ　　à + les → aux オ　　de + le → du ディュ　　de + les → des デ

定冠詞の le, la は母音又は無音の h で始まる語の前ではいずれも l' となる。
部分冠詞の du、de la も同様にいずれも de l' となる。

注記 1) 不定冠詞と部分冠詞は、否定文中の目的語の場合はその前で原則として de になる。
　　　　J'ai un livre → Je n'ai pas de livre
　　　　ただし、いかなる本も、一冊も持っていないを意味する場合は un が付く。
　　　　属詞(補語)の場合、否定文でも冠詞はそのままとなる。Ce n'est pas un livre.
　　2) 不定冠詞複数の des は＜形容詞＋名詞＞の前で原則として de になる。
　　　　Voici de bons légumes　ここにいい野菜がある。
　　3) 無冠詞で用いる名詞がある。
　　　　例：　都市名、月・曜日、　表題、列挙した名詞、同格語、呼びかけ
　　　　　　　数量表現の de の後　　un litre de lait 1 リットルの牛乳
　　　　　　　職業・国籍などを表す属詞
　　　　　　　前置詞とともに他の名刺の限定補語となる名詞 une tasse à thé ティーカップ
　　　　　　　動詞句・前置詞付きの状況補語などの成句的表現、等
　　　　　　　faire attention 注意する　　avec plaisir 喜んで

2. LE MARCHAND DE BONHEUR 幸福を売る男

ルマるシャン ドゥ ボヌーる　LES COMPAGNONS DE LA CHANSON
レ コンパニヨン ドゥ ラ シャンソン （シャンソンの友）

(1)
* **Je suis le vagabond**　　　**Le marchand de bonheur**
　ジュスュィ ルヴァガボン　　　ルマるシャン ドゥボヌーる　（又は）

　(**On est des vagabonds**　　**Des marchands de bonheur**)
　オネデ ヴァガボン　　　　　　デマるシャン ドゥボヌーる

　Je n'ai que des chansons　　**A mettre dans les cœurs**
　ジュネク デシャンソーン　　　アメトゥる ダンレクーる　（又は）

　(**On n'a que des chansons**　　**A mettre dans vos cœurs**)
　オンナク デシャンソーン　　　アメトゥる ダンヴォクーる

　Vous me verrez passer　　　**Chacun à votre tour**
　ヴム ヴェれパセー　　　　　　シャカンナ ヴォトゥるトゥーる
（又は Vous **nous** verrez passer ヴヌ ヴェれパセー）
　Passer au vent léger　　　　**Au bon vent de l'amour**　*
　パセオ ヴァン レジェー　　　　オボンヴァン ドゥラムーる

　　J'ai les quatre saisons　　　**Pour aller flâner**
　　ジェレカトゥる セゾーン　　　プーらレ フラネー

　　Et semer des moissons　　　**De baisers**
　　エスメデ モワソーン　　　　　ドゥベゼー

　　J'ai l'automne et l'hiver　　**Le ciel et la mer**
　　ジェロトン エリヴェーる　　　ルスィエル エラメーる

　　Le printemps et l'été　　　**Pour chanter**
　　ルブらンタン エレテ　　　　　プーる シャンテー

MARCHAND DE BONHEUR　Lyrics by Jean BROUSSOLLE　Music by Jean-Pierre CALVET
© PREMIERE MUSIC GROUP　All Rights Reserved. International Copyright Secured. Used by Permission.

(1)
* 私(私達)は宿無し、さすらいの身　　　　幸福を売る商人
je 私は　suis～です être 一単現　英語の be 動詞に相当
on 人は、人々は、私達は、みな(動詞には三人称単数形を用いる) est～です être 三単現
vagabond, e 放浪者、浮浪者　　marchand, e 商人　(ともに女性形の場合は語尾に e が付く)
de～の　bonheur :m 幸福、幸せ

私(私達)には唄しかない　　　　　　(あなた方の)心の中に届ける(唄だけ)
ne...que～しか～ない　　ai 持つ avoir 一単現　a 持つ avoir 三単現　chanson :f 歌
à～するための、～する　mettre 置く、のせる、入れる　dans～の中に　cœur :m 心
vos あなた(方)の

皆　私(私達)が訪れるのを目にするでしょう　　　それぞれ　あなた達を順番に
vous あなた、あなた達　me 私を　verrez 見る voir 二複未来
passer 通り過ぎる、訪れる　chacun, e めいめい、各々、誰もが
à～に、～で　　votre あなた方の　tour :m 順番、巡回、順繰り、周囲

軽やかな風にのって訪れる　　　　　　　　愛のそよ風に乗って　　*
au :à+le の縮約形　vent :m 風　　léger, ère :軽い、軽やかな、軽快な
bon, ne 良い、心地よい、楽しい、おいしい　　amour :m 愛、恋

　　　　　私は四季を運んでくる　　　　　　気ままに出かけるため
j'ai 私は～を持つ、私には～がある avoir 一単現　quatre 四つの　saison :f 季節
pour～のため　aller 行く、～しようとする flâner ぶらつく、ぶらぶら歩く、気まま
に散歩する、のらくら暮らす、ぐずぐずする

　　　　　そして収穫の種を蒔きちらす　　　　　口づけのための
et そして　semer～の種を蒔く、ばらまく、広める、まき散らす
moisson :f 刈入れ、収穫、取入れ、獲得　baiser :m キス、くちづけ

　　　　　私は秋と冬ももってくる　　　　　　空と海も
automne [ɔtɔn/otɔn]:m 秋 (m は黙字)　hiver :m 冬　ciel :m 空　mer :f 海

　　　　　春と夏も　　　　　　　　　　　歌うために
printemps :m 春　été :m 夏　　pour～のため　chanter 歌う

(2)

Vous êtes des enfants ヴゼトゥ　デザンファン	**Qui vous donnez du mal** キヴドネ　ディュマル
Du mal pour vous aimer ディュマルプる　ヴゼメー	**Et du mal pour pleurer** エディュマル　プるプルれー
Et moi j'arrive à temps エモワ　ジャりーヴァタン	**A temps c'est bien normal** アタン　セビヤンノるマル
Pour aller réparer プらレ　れパれー	**Ce que vous déchirez** スクヴ　デシれ

**　**J'ai les quatre saisons**　　　　**Pour sécher vos pleurs**
　　ジェレカトゥるセゾーン　　　　　プーる　セシェ　ヴォプルーる

　　Et changer l'horizon　　　　　**De vos cœurs**
　　エシャンジェ　ロりゾーン　　　　ドゥ　ヴォクーる

　　J'ai l'automne et l'hiver　　　**Le ciel et la mer**
　　ジェロトン　エりヴェーる　　　　ルスィエル　エラメーる

　　Le printemps et l'été　　　　　**Pour chanter**　　**
　　ルプらンタン　エレテ　　　　　　プーる　シャンテー

(2)

　　あなた方は子供達　　　　　　　　　　悩んでる子供達
vous あなた方は、あなた方に　êtes～です être 二複現　enfant 子供 (男女同形)
qui 関係代名詞主語　　donnez 与える donner 二複現　mal :m 苦労、不都合、悪、災い、
不幸、困難、苦痛　se donner du mal pour ～するのに苦労する、～しようと頑張る

　　愛し合おうと気をもんだり　　　　　　　嘆き悲しんだり
s'aimer 愛し合う　　　　　　　　　　　pleurer 泣く、嘆く

　　そこで私がちょうどいい時にやって来て　　当然ながら具合よく
et そして、～と　　moi 私(強勢形)　　arrive 来る、着く arriver 三単現
temps :m 時、時間、時期　　à temps 時間どおりに　c'est=ce+est の縮約形
ce それ　　est～です être 三単現　　bien まったく、本当に、うまく
normal, ale (pl. aux)正常な、普通の、当然の、もっともな

　　なおしましょうと　　　　　　　　　　あなた方がこわしたものを
aller 行く、～しようとする　　réparer 修理する、癒す、回復させる
ce que～のこと、～のもの　　　déchirez 破る、引き裂く、苦しめる déchirer 二複現

　＊＊　私は四季を運んでくる　　　　　　　皆さんの涙を乾かすために
sécher 乾かす、干す、乾燥させる　　vos あなた方の　　pleur :m.涙

　　そして、変えてしまおう　　　　　　　　あなた方の心の世界を
changer 変える、転換する、刷新する　horizon :m 地平線、先行き、範囲、視野、視界、
環境

　　私は秋と冬ももってくる　　　　　　　　空と海も

　　春と夏も　　　　　　　　　　　　　　歌うために　＊＊

(3)

Je donne à bon marché	**De quoi rire de tout**
ジュドナ　ボンマるシェ	ドゥコワ　りーる　ドゥトゥ
De quoi rire de tout	**Plutôt que d'en pleurer**
ドゥコワ　りーる　ドゥトゥ	プリュト　ク　ダンプルれー
Je ne demande rien	**Pour me dédommager**
ジュヌ　ドゥマンドゥ　りヤン	プる　ムデ　ドマジェー
Qu'à voir sur mon chemin	**La joie que j'ai donnée**
カ　ヴォワーる　スュる　モンシュマン	ラジョワ　ク　ジェドネ

　　　　　　　　　　　　　　　　　　　　（＊＊2番後半の繰り返し）

＊＊　　J'ai les quatre saisons　　　　　Pour sécher vos pleurs

　　　　Et changer l'horizon　　　　　　De vos cœurs

　　　　J'ai l'automne et l'hiver　　　　Le ciel et la mer

　　　　Le printemps et l'été　　　　　　Pour chanter　＊＊

　　　　　　　　　　　　　　　　　　　　（＊1番前半の繰り返し）

＊　　　Je suis le vagabond　　　　　　Le marchand de bonheur

　　　　Je n'ai que des chansons　　　　A mettre dans les cœurs

　　　　Vous me verrez passer　　　　　Chacun à votre tour

　　　　Passer au vent léger　　　　　　Au bon vent de l'amour　＊

(3)

お安くしてさしあげましょう　　　　　あらゆることを笑い飛ばせるようなものを
donner 与える、あげる　à bon marché 安く　marché :m 市場、取引
de quoi～するのに必要なもの　　rire 笑う、楽しむ、ふざける、気にとめない、
一笑に付す　　tout :m すべて

すべて笑い飛ばせるようなものの方を　　　むしろ　悲しんだりするものよりは
plutôt que de～よりはむしろ　　en それ、そのこと　pleurer 泣く、嘆く

いっさいいりません　　　　　　　私へのお返しのためのものは
demander 要求する、求める　ne～rien 何も～ない、全く～ない
me 私に　　　dédommager 報いる、償う、賠償する、お返しする

私の行く道すがら　　　　　　　私があげた喜びを見るだけでいい
qu'à ただ～するだけで、～しかいらない、～だけでいい　voir 見る
sur～の上で　mon 私の　　chemin :m 道　　joie :f 喜び、楽しみ
que 関係代名詞目的語　　　donnée 与えた、あげた donner 一単複合過去
（女性形目的語が前におかれているため語尾に e が付く）

＊＊（2番後半の繰り返し）

＊　　(1番前半の繰り返し)

発音の留意点

発音しない語末の子音字

語尾の子音字：単語の綴りの最後にある子音字は、一般に発音しない。 例: Paris [pari]
（b、d、g、h、j、k、m、n、p、s、t、v、w、x、z）

ただし、短い単語の語末子音字、特にc、f、l、r、qは発音されることが多い。

発音しない子音字もリエゾン（連音）する場合は有音化する。(リエゾンの項 P52, P53 参照)

Je [ʒə] の発音 （人称代名詞　意味：私は)

je [ʒə]（ジュ）の子音 [ʒ] は舌が上顎についていない状態で発音する。
日本語のシュの舌の状態をあまり変えず濁音化した音。
（例：汽車汽車シュッポ、シュッポのシュを舌の形をほぼ保ったまま濁音化させる。）
日本語の「十時」、「住所」の「じゅう」の頭音[dz]は舌先が上歯の裏につくので je [ʒə]
（ジュ）とは異なる。（上歯裏につく[dz]の発音はフランス語には少なく、外来語に見られる。）

Tu [ty] の発音 （人称代名詞　意味：君は、あなたは）

Tu [ty]は「チュ」よりも「ティュ」に近い発音。
子音字 t [t]は、舌端と上前歯の歯茎で閉鎖を作って開放することによって起こる破裂音。
日本語の「ちゃ行」の頭音は舌端と歯茎から硬口蓋（こうこうがい）にわたる範囲で閉鎖を作り、開放することにより生じる摩擦音。
フランス語の小さいを意味する petit [p(ə)ti]の発音は「プチ」ではなく、「プティ」に近い。
フランス語には日本語の、「チャ・チ・チュ・チョ・チョ」に類似する発音を含む語はほとんどない。外来語に若干見受けられる。
例：Tchaïkovski [tʃajkɔfski] チャイコフスキー　tchéque [tʃɛk] チョコ人の　caoutchouc [kautʃu] ゴム

Vous [vu] の発音 （人称代名詞　意味：あなた、あなた方）

子音字 v [v]（ヴ）は、下唇と上歯で隙間を作って起こる摩擦音。
軽く上前歯が、下唇近傍に触れた音。（唇を意図的に噛むようにする必要はない。）

[b]の発音（日本語のバ行「バビブベボ」）は上唇と下唇により作り出される音。：閉鎖音

人称代名詞　一覧　Pronoms personnels

機能と形

数・人称		機能	無強勢形			強勢形
			主語	直接目的語	間接目的語	強意的用法
単数	一人称		je (j')　ジュ 私は	me (m')　ム 私を	me (m')　ム 私に	moi　モワ 私
	二人称		tu　ティユ 君は	te (t')　トゥ 君を	te (t')　トゥ 君に	toi　トワ 君
	三人称 男性		il　イル 彼は、それは	le (l')　ル 彼を,それを	lui　リュィ 彼に,彼女に	lui　リュイ 彼
	三人称 女性		elle　エル 彼女は、それは	la (l')　ラ 彼女を,それを		elle　エル 彼女
複数	一人称		nous　ヌ 私達は	nous　ヌ 私達を	nous　ヌ 私達に	nous　ヌ 私達
	二人称		vous　ヴ あなた(方)は	vous　ヴ あなた(方)を	vous　ヴ あなた(方)に	vous　ヴ あなた(方)
	三人称 男性		ils　イル 彼等は,それらは	les　レ 彼等を	leur　ルーる 彼等に	eux　ウ 彼等
	三人称 女性		elles　エル 彼女等は,それらは		彼女らに それらに	elles　エル 彼女等
再帰代名詞 三人称			il, ils, elle, elles	se (s')　ス 自らを	se (s')　ス 自らに	soi　ソワ 自ら、己

※ 女性複数行の直接目的語: 彼女らを / それらを

二人称単数 tu,te,toi は家族、親友に対して用いられる。一般には単数の相手にも vous (動詞は複数形)を用いる。人称代名詞はいずれも１音節（含まれる母音が一つ）である。

1）補語人称代名詞 le は中性不変の代名詞として、文章、不定法、形容詞等を代表する。
　　例：Elle est malade, mais ils ne le savent pas.
　　(彼女は病気だが、彼等はそのことを知らない。)
2）代名詞的副詞　en, y
　　en は　de cela(それの)、y は à cela(それに)等の主として人以外の中性的事柄を示す代名詞として機能する。
　　例：Avez-vous des crayons ? Oui, j'en ai trois.
　　　　(鉛筆を持っていますか？はい、それを三本持っています。)
　　　　La question est grave. Pensez-y.(問題は深刻です。それについて考えなさい。)

3. SANS TOI MAMIE　サントワマミー　Adamo

(1)

Je sais tout est fini　　　　　　**J'ai perdu ta confiance**
ジュセ　トゥテ　フィニー　　　　　ジェ　ぺるデュ　タ　コンフィヤンス
ふ　た　り　の　こ　いは　　　　　お　　わ　っ　　た　の　ね　エ

Néanmoins je te prie　　　　　　**De m'accorder ma chance**
ネアン モワン　ジュトゥ　プリ　　　ドゥ　マコるデ　マシャンス
ゆ　る　し　　て　さ　　え　　　　く　　れ な　い あ な　　た

Si devant mon remords　　　　　**Tu restes indifférente**
スィ　ドゥヴァン　モンるモーる　　　ティュ　れストゥ　アンディフェらントゥ
さ　　よ　　う　　な　らと　　　　か　　　お　　　も　み　な　い　で

On ne peut te donner tort　　　　**Mais sois donc indulgente**
オン　ヌプ　トゥドネ　トーる　　　　メ　ソワ　ドン　カンディルジャントゥ
さ　　あっ　て　　いっ　た　　　　　お　と　　　こ　　の　こ　　ろ

　　　　　Au nom des joies　　　　**Que nous avons vécues**
　　　　　オ　ノン　デ　ジョワ　　　　ク　ヌザヴォン　ヴェキュ
　　　　　た　　の　　しい　　　　　ゆ　めのよ　　　う　な

　　　　　Au nom de l'amour　　　**Que nous croyons perdu**
　　　　　オ　ノン　ドゥラムーる　　　ク　ヌクロワヨン　ぺるデュ
　　　　　あ　　の　　こ　ろを　　　お　もい　　だ　せ　ば

Sans toi Mamie　　　　　　　　　**Le temps est si lourd**
サン　トワ　マミー　　　　　　　　　ルタン　エスィ　ルーる
さんとわ　まみー　　　　　　　　　　か な　　しく　　て

Les heures et les jours　**Sombrent sans espoir**　**Sans toi Mamie**
レズーる　ゼレ　ジューる　　ソンブる　サンゼスポワーる　サントワマミー
め の　　ま え　　が　　　く　ら　　く　な　　る　　さんとわまみー

ⓒ　Copyright by 1962 Editions Rudo　　　　　　　　　（日本語詞：岩谷時子）
The rights for Japan licensed to EMI Music Publishing Japan Ltd.　(Paroles et Musique de Salvatore Adamo)

(1)
わかっている　すべてが終わったと　　　私はあなたの信頼を失った
sais 知る、わかる savoir 三単現 tout :m すべて　est 〜です être 三単現 fini 終わった
perdu なくす、失う perdre 複合過去　ta 君の、あなたの　　confiance :f 信頼、信用

それでもなお　私はあなたにお願いする　　私にチャンスを与えてくださいと
néanmoins それでも、にもかかわらず　te 君に、あなたに　prier 頼む、お願いする、
祈る　m' 私に me の縮約形　accorder 与える　ma 私の　chance :f チャンス、機会、運

たとえ、私の後悔を前にして　　　　　あなたがつれないとしても
si もし、たとえ、こんなに　devant〜の前に　mon 私の　remords :m 後悔
rester〜のままでいる　　　　indifférent, e：無関心な、つれない

誰もあなたが間違っているなんて言えない　だからこそ許してほしい
on 人は、私たち、誰も　ne〜ない　peut できる pouvoir 三単現
donner 与える　　tort :m 間違い、誤り　donner tort à 非難する
mais しかし、だけど、実に、全く　　sois〜であれ être 二単現命令法
donc だから　　indulgent, e 寛大な、甘い、大目に見る

　　楽しさの名のもとに　　　　　私たちは過ごしてきた（けど）
nom :m 名前、名目(発音は non と同じ)　au nom de〜の名において
des=de+les の縮約形　joie :f 楽しみ、喜び、快楽　que 関係代名詞直接目的語
vécues 生きる、暮らす、過ごす vivre 二複複合過去 (女性形複数目的語が前にある
ため語尾に es が付いている。発音には影響しない)

　　愛の名のもとでは　　　　　　私たちは失っていたと思う
amour :m 愛、愛情　　croyons 信じる、思う croire 一複現
perdu 失った、迷った、駄目になった、負けた

いとしいあなたがいないと　　　　時はとても重く
sans〜がなければ、いないと　toi 君、あなた　mamie :f 私のいとしい女（ひと）
temps :m 時　　si かくも、とても　　lourd, e 重い、重苦しい

時間と日々が　　消え失せる　　希望もなく　　あなたなしに
heure :f 時間、時　et〜と　jour :m 日、日々　sombrent 沈む、陥る、消えうせる sombrer
三複現　espoir :m 希望、期待

(2) —（Instrumental 楽器間奏）— —— —— —— —— ——

Sans toi Mamie
サントワ　マミー
さんとわ　まみー

Je vogue sans but
ジュヴォーグ　サンビュ
かぜ　の　よう　に

Je vogue perdu
ジュヴォーグ　ぺるデュ
お　お　ぞ　ら　を

Sous un ciel tout noir
スザン　スィエル　トゥノワーる
さ　ま　よ　う　こ　い

(3)
Comprends que dans les rues
コン プらン ク ダン レ りュ
ま　ち　に　で　れ　ば

Tant de filles nous tentent
タン ドゥ フィーユ ヌ タントゥ
お　と　こ　が　さ　そ　い

Et leur air ingénu
エ　ル　れる　アンジェニュ
た　だ　い　み　な　く

Nous torture et nous hante
ヌ　トるティュる　エ　ヌアントゥ
つ　き　ま　と　う　け　ど

Aussi je viens vers toi
オースィ　ジュヴィヤン　ヴェるトワ
こ　の　あ　た　し　が

Pour te confier ma voile
プーるトゥ　コンフィエ　マヴォワール
ゆ　き　つ　く　と　こ　は

Toi tu me guideras
トワ　ティュム　ギドゥら
あ　な　た　の　む　ね

Tu es ma bonne étoile
ティュ　エマ　ボンネトワール
ほ　か　に　な　い　の　よ

Sans toi Mamie
サントワ　マミー
さんとわ　まみー

Le temps est si lourd
ルタン　エスィ　ルーる
か　な　し　く　て

Les heures et les jours
レズーる　ゼレ　ジューる
め　の　ま　え　が

Sombrent sans espoir
ソンブる　サンゼスポワーる
く　ら　く　な　る

Sans toi Mamie
サントワマミー
さんとわまみー

(2)　（間奏）

　　　　いとしいあなたなしに　　　　　私はさまよう(航海する)　あてもなく
　　　voguer 航行する、さまよう、漂う　　but :m 目標、目的

　　　　私は迷子になってさまよう　　　　真暗な空の下を
　　　perdu, e 失われた、だめになった、迷った　　sous～の下に
　　　ciel :m 空　　tout 全く、すっかり　noir 黒い、暗い

(3)

（あなたに）わかってほしい　　街では　　たくさんの娘たちが男達を誘惑してくる
comprends 理解する、分かる comprendre 二単現命令法　que～ということを(接続詞)
dans～の中で、～で　　rue :f 通り、街　tant それほどの、たくさんの
fille :f 娘、女の子　　nous :私たちを　tenter 誘惑する、気をそそる、試みる

そして、彼女らの無邪気な様子が　　　　男達を悩ませ、つきまとう
et そして　　leur かれらの、彼女らの　　air :m 様子、態度、表情　ingénu, e うぶな、
無邪気な、うぶなふりをした　nous 私達を/に、僕達を　torturer 悩ます、苦しめる
hanter つきまとう、取りつく、出没する

だから私は　あなたのところに来た　　あなたに私の帆をまかせに
aussi それで、したがって、それゆえ　　viens 来る venir 一単現
vers～の方へ、に向かって　　pour～のために　te あなたに
confier 託す、任せる、ゆだねる　voile : f 帆、帆走、セーリング

あなたは私を導いてくれる　　　　　あなたは私の素晴らしい星
guidera ガイドする、案内する、道標となる guider 二単未来　es ～です être 二単現
bon, ne 良い、優しい、すぐれた　　étoile :f 星

いとしいあなたがいないと　　　　時はとても重く（１番の歌詞と同様）

時間と日々が　消え失せる　希望もなく　あなたなしに

複数の連続母音字の発音

j'ai, tout, toi 等の連続母音字は一音節で発音する。
(母音表については「恋は水色」の説明頁(P73)参照)

綴り	発音	注意	単語例
ai ei	[e]エ / [ɛ]エ	[e]エ：舌前方、口上下狭く鋭いエ [ɛ]エ：口を広く開け、唇緊張させないエ。 fai-では[ə]又は無音	gai [ge ゲ] 陽気な neige [nɛ:ʒ ネージュ] 雪 faisons [f(ə)zɔ̃] 行う
au eau	[o] オ	唇を丸め、開きの少ないオ	eau [o オ] 水
eu œu	[ø]ウ / [œ]ウ	語尾では、狭い[ø]ウ（エに近いウ） 他の位置では広い[œ]ウ（アに近いウ）	peu [pø プ] 少し cœur [kœ:r クーる] 心
ou où oû	[u] ウ	アクサンの種類にかかわらず、すべて深い[u]ウの発音 （歌唱により「オ」に近い響きを持つ場合がある）	où [u ウ] どこ
oi	[wa] ウ/オワ [wɑ] ウ/オワ	例外：oignon [ɔɲɔ̃ オニョン] 玉葱	toi [twa トワ] きみ trois [trwɑ トゥろワ] 三

注記１： avoir の過去分詞や単純過去形の eu は例外的に[y]（ユ）と発音。
　　　　 通常 eu は、Europe [ørɔp]（ウろプ）、Euro [ørop]（ウーろ）等（ウ）音になる。
　　　　 (ヨーロッパ、ユーロは英語読み)

注記２： question [kɛstjɔ̃]（ケスティヨン）（問題）の ue の綴りは [ɛ]（エ）音である。
　　　　 (クウェスチョン [kwéstʃ(ə)n] の[w]（ウ）音が入るのは英語読み)

注記３： ui の綴りは、qui [ki]（キ）、guide [gid]（ギド）（案内人）等 [i]（イ）音で
　　　　 発音される。 ui の綴りは半母音となる場合もある。

鼻母音を表す綴りについては、「ムーラン・ルージュの唄」の説明頁(P46)参照。

半母音については、「枯葉」の説明頁(P64)参照。

所有形容詞と所有代名詞一覧　Adejectifs et Pronoms possessifs

所有者の数・人称		名詞の性	所有形容詞 (誰々の)		所有代名詞 (誰々のもの)	
			名詞の数		名詞の数	
			単数	複数	単数	複数
単数	一人称	男性	mon モン	mes メ 私の	le mien ルミヤン	les miens レミヤン
		女性	ma(mon) マ		la mienne ラミエ(ン)ヌ	les miennes レミエ(ン)ヌ　私のもの
	二人称	男性	ton トン	tes テ 君の	le tien ルティヤン	les tiens レティヤン
		女性	ta (ton) タ		la tienne ラティエ(ン)ヌ	les tiennes レティエ(ン)ヌ　君のもの
	三人称	男性	son ソン	ses セ 彼(女)の	le sien ルスィヤン	les siens レスィヤン
		女性	sa (son) サ		la sienne ラスィエ(ン)ヌ	les siennes レスィエ(ン)ヌ 彼(女)のもの
複数	一人称	男性	notre ノトゥる	nos ノ 私達の	le nôtre ルノトゥる	les nôtres レノトゥる
		女性			la nôtre ラノトゥる	私達のもの
	二人称	男性	votre ヴォトゥる	vos ヴォ あなた(方)の	le vôtre ルヴォトゥる	les vôtres レヴォトゥる
		女性			la vôtre ラヴォトゥる	あなた(方)のもの
	三人称	男性	leur ルーる	leurs ルーる 彼(女)らの	le leur ルルーる	les leurs レルーる
		女性			la leur ラルーる	彼(女)らのもの

母音、又は、無音のhで始まる名詞の前では、ma, ta, sa に代って mon, ton, son を用いる。

参考：所有、所属の表現をする場合、前置詞 à と人称代名詞強勢形を用いることもある。

　　例：　C'est à moi セタモワ　それ私の。(それは私のものです。)

4. C'EST SI BON　セ・スィ・ボン　Yves Montand

(1)

C'est si bon
セ　スィ　ボン

De partir n'importe où
ドゥパるティる　ナンポるトゥー

Bras dessus bras dessous
ブら　ドゥスュ　ブら　ドゥス

En chantant des chansons
アンシャンタン　デ　シャンソーン

C'est si bon
セ　スィ　ボン

De se dire des mots doux
ドゥ　スディーる　デモドゥー

Des petits riens du tout
デプティ　りヤンディュトゥ

Mais qui en disent long
メキアン　ディーズ　ローン

En voyant notre mine ravie
アンヴォワヤン　ノートゥるミーヌらヴィーュ

Les passants, dans la rue, nous envient
レパッサン　ダンラりュ　ヌザンヴィーュ

C'est si bon
セ　スィ　ボン

De guetter dans ses yeux
ドゥゲテー　ダンセズィユー

Un espoir merveilleux
アンネスポワーる　メるヴェユー

Qui (me*) donne le frisson
キ(ム)　ドヌル　フりソーン (*me 省略の場合あり)

C'est si bon
セ　スィ　ボン

Ces petites sensations
セ　プティトゥ　サンサスィヨン

Ça vaut mieux qu'un million
サヴォミュカン　ミリヨン

Tellement, tellement c'est bon
テルマン　テルマン　セ　ボン

(又は　Et si nous nous aimons

C'est parce que c'est si bon)

C' EST SI BON　Words by Andre Hornez　Music by Ange Eugene Betti

© 1947, 1950 by EDITIONS MUSICALES PAUL BEUSCHER

International copyright secured. All rights reserved.　Rights for Japan administered by PEERMUSIC K.K.

(1)

セ　スィ　ボン（とても素敵なこと）　　　どこにでも出かけるのは
c' それ ce の縮約形　si とても　bon, ne 良い、すばらしい
partir 出かける、出発する　n'importe où どこでも

腕を上に、下にとりあい　　　　　　　唄を歌いながら
bras dessus bras dessous 腕を組んで、腕を上に、腕を下に　bras :m 腕
dessus 上に、上のほうに　dessous 下に、下の方に
en chantant 歌いながら、口ずさみながら chanter 現在分詞　chanson :f 歌

セ　スィ　ボン（とても素敵なこと）　　　優しい言葉を交わすのは
se dire 言い合う、言われる、心に言う　mot :m 言葉　　doux, ce 甘い、快い、楽しい

全くどうしようもないささいなことを　　　そんなことでもずっと話してる
petit, e 小さな、些細な　rien 何でもないこと、くだらないこと、ない　du tout 全く
mais しかし、だけど　qui それは、関係代名詞主語　en dire long 長く/詳しく語る

二人の嬉しそうな顔を眺めながら　　　行き交うの街の人たちも私たちを羨む
en voyant 見ながら voir 現在分詞　notre 私達の　mine :f 顔つき、顔色、表情
ravi, e とてもうれしい、うれしそうな、大喜びの、うっとりした
passant, e 通行人、歩行者、道行く人々　dans la rue 通りの、街中の
envient 羨む envier 三複現

セ　スィ　ボン（とても素敵なこと）　　　あの人の眼の奥に
guetter うかがう、狙う、待ちわびる、待ち伏せする　yeux :m.pl 眼、両目　単数は œil

すばらしい望みを垣間見るのは　　　それは私を身震いさせる
espoir :m 希望、期待、望み事　merveilleux, se すばらしい、見事な、驚異的な
me 私に　donner 与える　frisson :m 震え、身震い

セ　スィ　ボン　　　　　　　　　　この感激
ces これらの、それらの　　sensation :f 興奮、刺激、評判、感じ

それは百万の価値も超える　　　こんなにも、こんなにもすばらしい
ça :それ、あれ　vaut 値する、価値がある valoir 三単現
mieux que～より良い、～以上　million :m 百万　tellement それほど、とても

(2)　（前半は楽器演奏になることがある）

C'est si bon　　　　　　　　　　**De pouvoir l'embrasser**
セ　スィ　ボン　　　　　　　　　　ドゥブヴォワる　ランブらセー

Et puis de recommencer　　　　　**A la moindre occasion**
エピュイ　ドゥるコマンセー　　　　　アラモワンドゥる　オカズィヨン

C'est si bon　　　　　　　　　　**De jouer du piano**
セ　スィ　ボン　　　　　　　　　　ドゥ　ジュエー　ディュピヤノ

Tout le long de son dos　　　　　**Tandis que nous dansons**
トゥルロン　ドゥソンドー　　　　　タンディク　ヌダンソン

C'est inouï ce qu'elle a pour séduire
セ　ティヌイー　スケラ　プーるセデュイーる

Sans parler de ce que je ne peux pas dire
サンパるレー　ドゥスク　ジュヌ　プパディーる

C'est si bon　　　　　　　　　　**Quand je la tiens dans mes bras**
セ　スィ　ボン　　　　　　　　　　カン　ジュラティヤン　ダンメブら

De me dire que tout ça　　　　　　**C'est à moi pour de bon**
ドゥムディーる　クトゥサ　　　　　セタモワ　プーるドゥボン

C'est si bon　　　　　　　　　　**Et si nous nous aimons**
セ　スィ　ボン　　　　　　　　　　エスィ　ヌヌゼモン

Cherchez pas la raison　　　　　　**C'est parce que c'est si bon**
シェるシェ　パられゾン　　　　　　セパるスク　セ　スィ　ボン

C'est parce que c'est si bon　　　　**C'est parce que c'est...trop...bon**
セパるスク　セ　スィ　ボン　　　　セパるスク　セ　トゥろ　ボン

(2)
セ スィ ボン（とても素敵なこと）　　あの人を抱けることは
pouvoir ～できる　　embrasser 抱く、キスをする、把握する、採る
そしてまた始める　　　　　　　　僅かな合間を見つけては
et puis そして、それから、次に、その後　　recommencer 再び始める
moindre ほんの少しの、わずかな　　occasion :f 機会、チャンス

セ スィ ボン（とても素敵なこと）　　ピアノが弾かれているのは
jouer 遊ぶ、楽しむ、演奏する　　piano :m ピアノ
後ろでずっと　　　　　　　　　　二人が踊っている間
tout le long de に沿って、の間中　son それの　dos 背、裏、背後
tandis que～する間、～している時　dansons 踊る danser 一複現

素晴らしいのは　　　　　　　　　あの人が持ち合わせた魅了させるもの
inouï, e 驚くべき、すごい　　ce qu'elle a 彼女がもっているもの
séduire 魅惑する、心をとらえる

もちろん　　　　　　　　　　　　私が言い尽くすことができないもの
sans～なしに　　parler 話す　sans parler de～は言うまでもなく、もちろん
ce que～のこと　　peux できる pouvoir 三単現　　dire 言う

セ スィ ボン（とても素敵なこと）　　彼女を私の両腕に抱いた時に
quand～の時　　tiens 持つ、抱く、取る tenir 一単現　　dans ～の中　　bras :m 腕
全くその通りと私にささやくのは　　　私に　本気で
dire 言う　　tout ça まったくそのように、それすべて
à moi 私のもの、私に対して　　pour de bon 本当に、本気で

セ スィ ボン　　　　　　　　　　そして愛し合っているなら
nous aimons 愛し合う s'aimer 二複現

わけなんてきかないで　　　　　　なぜならとても素敵だから
cherchez 探す chercher 二複現命令法　　raison :f 理由、わけ
parce que～なので、だから、だって

とても素敵だから　　　　　　　　それは、あまりにも素敵だから
trop あまりに、とても

(オリジナル曲　１番冒頭の歌詞)　　(歌唱では省略されていることがある)

Je ne sais pas s'il en est de plus blonde
ジュヌセパ　スィランネ　ドゥ　プリュブロンドゥ

Mais de plus belle, il n'en est pas pour moi
メドゥプリュベル　イル　ナンネ　プるモア

Elle est vraiment toute la joie du monde
エレ　ヴれマン　トゥトゥラジョワ　ディユ　モンド

Ma vie commence dès que je la vois
マヴィ　コマンス　デクジュラヴォワ

Et je fais : Oh !　Et je fais : Ah !
エ　ジュ　フェ　オー　エ　ジュ　フェ　アー

(オリジナル曲　２番冒頭の歌詞)　　(歌唱では省略されていることがある)

Vous devinez quel bonheur est le nôtre
ヴドゥヴィネ　ケルボヌーる　エルノートゥる

Et si je l'aime vous comprenez pourquoi
エスィ　ジュレーム　ヴコンプるネプるコワ

Elle m'enivre et je n'en veux plus d'autres
エレマニーヴる　エジュナンヴ　プリュドートゥる

Car elle est toutes les femmes à la fois
カーるエレ　トゥトゥレファム　ザラフォア

Elle me fait : Oh !　Elle me fait : Ah !
エルムフェ　オー　　エルムフェ　アー

(オリジナル曲　1番冒頭の歌詞)
知らなかった　　　　　　　　　　　こんなブロンドがあるのかなんて
ne〜pas〜ない　sais 知る savoir 一単現　si〜かどうか　en それ、その状態
blond, e ブロンドの、金髪の　de plus〜最も〜な（冠詞省略表現）

すごく　綺麗　　　　　　　　　　私だけのためではないにしても
mais まったく（強調）、しかし　beau, belle 美しい

彼女はほんとに　　　　　　　　　この世の喜びそのもの
elle 彼女は vraiment 本当に tout, e すべての　joie :f 喜び　monde :m 世の中、人々、世界

私の人生は始まった　　　　　　　彼女に会うとすぐに
vie :f 人生、暮らし　commencer 始まる　dès que 〜したらすぐに vois 見る、会う voir 一単現

そこで私は声を出して叫ぶ：　　　　オー！　アッ！と
fait〜を引き起こす、作る、行う、〜させる、音を出す faire 三単現

(オリジナル曲　2番冒頭の歌詞)
みなさん　お判りでしょう　　　　　どんな幸せが二人のものか
vous あなた方、みなさん　deviner 言い当てる、謎を解く、占う
quel どんな、どのような　bonheur :m 幸福、幸せ　nôtre :私達のもの

私があの人が好きなら　　　　　　みなさんなぜかってことがわかりますね
si〜なら　aimer 愛する、好き　comprenez 判る、理解する comprendre 二複現
pourquoi なぜ、どうして、理由、動機

彼女は私夢中にさせるので　　　　　私はほかのものはもういりません
enivrer 陶酔させる、酔わせる、熱狂させる　ne〜plus もう〜ない
veux 欲する、望む、必要とする vouloir 一単現　autre 他のもの

なぜなら彼女は女性の全てを　　　　一度に持ちあわせてる
car なぜなら、というのは　tout, e すべて　femme :f 女性　fois :f 回、度、回数
à la fois 同時に、一度に

彼女は私に叫ばせる：　　　　　　　オー！　アッ！と
fait〜させる、行う、生じさせる faire 三単現

si の発音

si [si]（スィ）は、英語の see スィー [si:]（見る）、又は、sea スィー [si:]（海)の語尾を伸ばさない「スィ」に類似した音。日本語の「し」の音ではない。

類似例；　sur [syr]　スュる　〜の上に　（「シュる」ではない）
　　　　　ciel [sjɛl]　スィエル　空　（「シエル」ではない）

直前直後を母音に挟まれた s の発音

一個の子音字 s の直前直後を母音字に挟まれた単語の s の発音は濁音の [z] になる。
例　disent [di:z]（ディーズ）　言う（三人称複数現在）
　　occasion [ɔkazjɔ̃]（オカズィヨン）　機会、チャンス

子音字 s の直前にもう一つ子音字が存在する単語の s の発音は清音の [s]になる。
例　passant ,e [pɑsɑ̃, t]（パッサン/パッサントゥ）通行人
　　sensation [sɑ̃sasjɔ̃]（サンサスィヨン）　気持ち、興奮、センセーション

エリズィオン (élision)：母音字省略

母音字（もしくは無音の h）で始まる語の前で、le, la, je 等の語末の母音字を省略することをエリズィオンという。
省略された母音字の代わりにアポストロフ（'）を置く。

例　ce（ス）+ est（エ）　　→　c'est　　セ　　それは〜です
　　la（ラ）+ étoile（エトワル）　→　l'étoile　レトワル　星
　　je（ジュ）+ ai（エ）　　→　j'ai　　ジェ　　私は持っている

エリズィオンが行なわれる語

1）単音節語：　le, la, je, me, te, se, ce ,de, ne, que, si

2）que の複合語：jusque, lorsque, parce que, pour que, puisque, quoique 等

C'est si bon は英語で言えば、That's (That+is) so good 又は It's (It+is) very nice となる。

指示形容詞と指示代名詞 Adjectifs et Pronoms démonstratifs

指示形容詞

性＼数	単数 この あの その	複数 これらの あれらの それらの
男性	ce ス (cet)セ＊	ces セ
女性	cette セトゥ	

指示代名詞

性＼数	単数 これ あれ それ	複数 これらの あれらの それらの
男性	celui スリュイ	ceux ス
女性	celle セル	celles セル
中性	ce ス cela スラ	ceci ススィ ça サ

＊(cet)：母音、又は無音のhで始まる語の前

こちら、あちらの遠近関係、対立関係等を相違を明確にしたい場合は、末尾に、-ci, -là を付け加える。（複合形）

例： ce chemin-ci　　スシュマン-スィ　　こちらの道
　　 ce chemin-là　　スシュマン-ラ　　　あちらの道

　　 celui-ci　　　　スリュイ・スィ　　これ
　　 celui- là　　　 スリュイ・ラ　　　あれ

5. MOULIN ROUGE　ムーラン・ルージュの唄

(1)　　　　　　　　　　　　　　　　　　Georges Guétary

Moulin des amours　　　　　**Qui tourne tes ailes**
ムラーン　デザムーる　　　　　キトゥるヌ　テゼール

Au ciel des beaux jours　　　**Moulin des amours**
オスィエル　デボージューる　　ムラン　デザムーる

Mon cœur a dansé　　　　　**Sur tes ritournelles**
モンクーる　アダンセ　　　　　スュるテ　りトゥるネル

Sans même y penser　　　　 **Mon cœur a dansé**
サンメームィ　パンセー　　　　モンクーる　アダンセ

Ah!mon Dieu! qu'ils étaient jolis　**Les yeux qui valsaient dans les miens**
アモンディユ　キル　ゼテ　ジョリ　　　レズィユ　キ　ヴァルセ　ダン　レミヤン

On s'aimait presqu'à la folie　**Et cet amour te plaisait bien**
オンセメ　プれスカラ　フォリ　　　エ　セタムーる　トゥ　プレゼ　ビヤン

Des mots de bonheur　　　　**Chantaient sur tes ailes**
デモ　ドゥボヌーる　　　　　　シャンテ　スュる　テゼール

Des mots de bonheur　　　　**Simples comme nos cœurs**
デモ　ドゥボヌーる　　　　　　サンプル　コムノクーる

Dis-moi, chérie,　　　　　　**Dis-moi que tu m'aimes**
ディモワ　シェり　　　　　　　ディモワ　クティユ　メーム

Dis-moi, chérie,　　　　　　**Que c'est pour la vie**
ディモワ　シェり　　　　　　　ク　セ　プーるラ　ヴィ

(Paroles de Jacques Larue　Musique de Georges Auric)

(1)
恋人たちの風車　　　　　　　　　風車の羽根が回ってる
moulin :m 風車、水車、小屋、製粉機　　amour :m 愛、恋、恋人　qui 関係代名詞主語
tourner まわす　tes あなたの、君の；ton,ta の複数形　aile :f 羽根、翼
晴れた日々の空に　　　　　　　　恋人たちの風車
ciel :m 空　　beau (pl.x)/bel, belle 美しい、天気のよい　jour :m 日、日々、日光
私の心は踊った　　　　　　　　　風車の回る調子に合わせて
cœur :m 心、気持ち　　dansé 踊った、弾んだ、舞った danser 三単複合過去 (chanté「歌った」
として歌唱されるものもある)　　sur の上で、によって、にのせて、〜で
ritournelle :m リトルネロ (音楽用語)、繰り返し、ロンドのリフレイン、決まり文句
全く思いがけず　　　　　　　　　私の心は踊りだした
sans〜することなく、〜なしに　même 〜さえ、まさに　penser à〜について考える、
思う　y それに(à +名詞に代わる)　sans y penser 思わず、ごく自然に、意識せず

ああ　なんてきれいだったでしょ　　あの眼差しが揺れて　私の目に映り
ah! ああ、間投詞　mon,ma,mes 私の　dieu :m 神様　mon Dieu おやまあ、間投詞、
que〜 何と〜なこと(感嘆)　ils 彼らは、それらは＜ここでは後述の yeux を示す＞
étaient 〜であった être 三複半過去　joli, e きれいな、かわいい、すてきな
yeux :m.pl 目、両目(単数は œil)　valser ワルツを踊る、回る、揺れる
dans の中で　mien, ne 私のもの、私のそれ；所有代名詞；定冠詞を伴う
二人は　愛し合った　バカになるほど　　そしてその恋はあなたを喜ばせた　とても
on 私達、人々　　s'aimait 愛し合った、愛し合っていた s'aimer 三単半過去
presque ほとんど、に近く、のように　　à la folie :f 夢中になって、狂おしく
te あなたを、君を　plaisait 喜ばせた、気に入らせた、楽しませた plaire 三単半過去
bien よく、うまく、上手に、たいへん、とても

幸せの言葉が　　　　　　　　　　歌っていた　風車の羽根に乗せて
mot :m 言葉、文句　bonheur :m 幸福、幸せ、幸運 chantaient 歌っていた、
口ずさんでいた chanter 三複半過去　(sur tes lèvres「口元に」と歌唱されるものもある)
幸せの言葉　　　　　　　　　　　単純で　二人の気持ちのよう
simple 単純な、簡単な、飾らない単一の、ただの　　comme のような、と同じく
nos 私たちの
ねえ　君　　　　　　　　　　　　私のことを愛してると言って
dis 言う、語る、示す、ねえ、ちょっと dire 二単現命令法　moi 私；命令文で私に
chéri, e いとしい人　tu 君、あなた　　pour la vie 生涯、一生
ねえ　君　　　　　　　　　　　　いつまでもと

43

(2)

Moulin des amours ムラーン デザムーる	**Qui tourne tes ailles** キトゥるヌ テゼール
Au ciel des beaux jours オスィエル デボージューる	**Moulin des amours** ムラン デザムーる
Comme on a dansé コ ムオン ナダンセ	**Sur tes ritournelles** スュるテ りトゥるネル
Tous deux enlacés トゥドゥ ザンラセ	**Comme on a dansé** コ ムオン ナ ダンセ
Que de fois l'on a répété クドゥフォア ロンナ れペテ	**Ces mots qui chantaient dans nos cœurs** セモ キシャンテ ダンノクーる
Et pourtant que m'est-il resté エプーるタン クメティル れステ	**De tant de rêves de bonheur ?** ドゥ タンドゥ れーヴ ドゥボヌーる
Un simple moulin アンサンプル ムーラン	**Qui tourne ses ailes** キトゥるヌ セゼール
Un simple moulin アンサンプル ムーラン	**Rouge comme mon cœur** るージュ コムモンクーる
* **Dis-moi, chérie,** ディモワ シェり	**Dis-moi que tu m'aimes** ディモワ クティュメーム
Dis-moi, chérie, ディモワ シェり	**Que c'est pour la vie**　* (refrain) ク セ プーるラヴィ　　(繰り返し)
…………..	**Que c'est pour la vie** ク セ プーるラヴィ

(2)
恋人たちの風車　　　　　　　　　　　風車の羽根が回ってる

晴れた日々の空に　　　　　　　　　　恋人たちの風車

二人は踊った　　　　　　　　　　　　風車の回る調子に合わせるように
comme ～のように、の時に　　danser 踊る

しっかり二人抱き合った　　　　　　　踊るように
tous :m.pl すべて、全く　　deux 二つ、二人　　enlacé 抱き合った、からんだ、巻き付いた

何度二人は繰り返しただろう　　　　　あの言葉を　私たちの心に響いていた
que de+名詞；数量に関する詠嘆を示す　　fois :f 回、度、倍、回数
répéter 繰り返す、繰り返し言う　　　　mot :m 言葉

でも何が私に残っただろう　　　　　　あれほどの幸福な夢から？
pourtant でも、しかしながら、けれども　　que 何を　me 私に
rester de から残る；助動詞は être
tant de たくさんの、多くの　　rêve :m 夢、憧れ、理想　　bonheur :m 幸福、幸せ

一つだけのただの風車　　　　　　　　その羽根を回してる
simple 単純な、単なる、ただの、一介の

一つだけのただの風車　　　　　　　　赤く　私の心のよう
rouge 赤い、紅潮した

　　＊ねえ　君　　　　　　　　　　　私のことを愛してると言って

　　ねえ　君　　　　　　　　　　　　いつまでもと　＊（繰り返し）

参考①：ユーチューブでこの曲の歌唱を早く見つけるには曲名の他に歌手名
　　　　Georges Guétary, Juliette Gréco, Mireille Mathieu 等を入力してください。
参考②：ユーチューブでこの曲のカラオケが見つからない場合は、ユーチューブの検索で
　　　　次のワードを入力するとオーケストラの楽曲が得られます。：
　　　　"Where is your heart (Moulin Rouge)"

母音+n、母音+mの発音 （鼻母音を表す綴り）

母音字の後に、m 又は n の一文字がくると、鼻母音を表す。
母音を鼻にぬくだけで、語尾で＋m（ム）、＋n（ン）の追加音節として発音しない。
従って、鼻母音の各発音の際、口の形は一音節分のみの一定形状となり、二音節発音の際に見られる口の変化はない。

綴り	発音	注意	単語例
an, am en, em	[ã] アン	アンとオンの中間的な響き	ensemble [ãsãbl] アンサンブル　一緒に
on, om	[ɔ̃] オン	nom 名前と non いいえは同じ発音	long [lɔ̃] ロン　長い nom [nɔ̃] ノン　名前 non [nɔ̃] ノン　いいえ
in, im yn, ym ain, aim ein, eim	[ɛ̃] アン /エン	鼻母音化するとエンより明るいアンに聞こえる	simple [sɛ̃pl] サンプル　単純な
un, um	[œ̃] アン [ɛ̃] エン		lundi [lœ̃di] ランディ　月曜 parfum [parfœ̃] パルファン　香水
oin	[wɛ̃] ワン		loin [lwɛ̃] ロワン　遠い
ien	[jɛ̃] イヤン	時に[jã]ヤン	bien [bjɛ̃] ビヤン　良く

注記：m、nが連続し二文字になる場合は鼻母音にならない。
　　　例　année [ane]アネ　年　　programme [prɔgram] プログラム
　　　（例外：ennui [ãnɥi] アンニュイ 憂愁）
　　　ただし、接頭辞は m,n が連続しても鼻母音[ã] アン。
　　　例　emmener　[ãmne] アンムネ　連れて行く

****

人称法動詞の形態区分

人称により変化する動詞の形態：人称法 Modes Personnels は下記の四つに分類される。
1．直接法　　Mode Indicatif　　　事実性、意思等の表現
2．条件法　　Mode Conditionnel　仮定性　仮定条件下で想定される内容の表現
3．接続法　　Mode Subjonctif　　主観性　思い、願望、恐れ等感情、不確実性表現
4．命令法　　Mode Impératif　　　命令性　依頼、勧告等の表現

各人称法は現在形、過去形等の時制を持つ。右頁に直説法の時制を示す。

直説法の時制

時制 (temps)： 動詞の表す行為や状態の時間的関係を示す動詞の形態を時制という。

単純時制 temps simple (動詞自体が活用)	複合時制 temps composé (助動詞の活用形＋過去分詞)
現在 présent （一時的、継続的現状。普遍的真理 極めて近い過去・未来）	複合過去 passé composé 助動詞現在形＋過去分詞 （現在に関係している過去）
半過去 imparfait （過去の時点における継続・未完了の事実）	大過去 plus-que-parfait 助動詞半過去＋過去分詞 （過去における過去。文章、会話に用いる。）
単純過去 passé simple （遠い過去、歴史的記述、文学的叙述の過去；書き言葉の過去。会話に用いない。）	前過去 passé antérieur（会話に用いない） 助動詞単純過去＋過去分詞（主節単純過去に先立ち従属節で終了している一時的行為）
単純未来 futur simple （現在からみて未来に起るべき事実）	前未来 futur antérieur 助動詞単純未来＋過去分詞（未来のある時点を基準に、それ以前に終了すべき事実）

複合時制と使用する助動詞

	助動詞 avoir 使用	助動詞 être 使用
他動詞	◎ 全ての他動詞で複合時制に avoir 使用	× 他動詞は複合時制で être を使用しない
自動詞	○ 多くの自動詞で複合時制で avoir 使用	○ 場所や状態の移動を示す一部の自動詞は複合時制で être 使用
代名動詞	× 代名動詞は複合時制で avoir を使用しない	◎ 全ての代名動詞で複合時制で être 使用
参考：過去分詞の一致	助動詞 avoir を使用する動詞の過去分詞は直接目的語が前にある場合その性・数に一致する。	助動詞 être を使用する動詞の過去分詞は一般に主語の性・数に一致する。

avoir, être については別頁（「詩人の魂」の末尾頁 P92, P93）にても説明

6. LA VIE EN ROSE　　バラ色の人生　　Edith Piaf

(1)　　ラ ヴィ アン ろーズ

Des yeux qui font baisser les miens　　**Un rire qui se perd sur sa bouche**
デズィユ キフォン ベセレミャン　　アンりーる キスペーる スュるサブーシュ

Voilà le portrait sans retouche　　**De l'homme auquel j'appartiens**
ヴォワラ ルポるトゥれ サンるトゥーシュ　　ドゥロム オケル ジャパるティヤン

Quand il me prend dans ses bras　　**Qu'il me parle tout bas**
カーンティルム プらン ダンセブら　　キルム パるル トゥバ

Je vois la vie en rose
ジュヴォワ ラヴィアンろーズ

Il me dit des mots d'amour　　**Des mots de tous les jours**
イールムディ デモダムーる　　デモドゥ トゥレジューる

Et ça me fait quelque chose
エサムフェ ケルクショーズ

Il est entré dans mon cœur　　**Une part de bonheur**
イーレタントゥれ ダンモンクーる　　ユヌパーる ドゥボヌーる

Dont je connais la cause
ドンジュコネ ラコーズ

« **C'est lui pour moi,**　　**Moi pour lui dans la vie** »
セリュイ プるモワ　　モワ プるリュイ ダンラヴィ

Il me l'a dit,　　**l'a juré pour la vie**
イルムラディ　　ラジュれ プーるラヴィーアー

Et dès que je l'aperçois　　**Alors je sens en moi**
エーデク ジュラペるソワ　　アロー ジュサンザンモワ

Mon cœur qui bat
モンクーる キバー

LA VIE EN ROSE　Words by Edith Piaf　Music by Pierre Louiguy

© 1947 by EDITIONS MUSICALES PAUL BEUSCHER

International copyright secured. All rights reserved.　Rights for Japan administered by PEERMUSIC K.K.

(1)
あの眼差しに私は伏し目がち　　　　　微笑みが口元に浮かんでは消える
yeux :m.pl 目、両眼(œil :単数)　　qui 関係代名詞主語　　font ～させる faire 三複現
baisser 下げる　　　　　　　miens 私のもの＜ここでは私の目＞
rire :m 笑い、微笑み、笑顔　se perd 消える、見えなくなる　se perdre 三単現
sur ～に、の上に　　　　　sa 彼の、彼女の（女性形単数）　bouche :f 口元、口、唇

それがありのままの姿　　　　　　私のあの人の
voilà それが～です、そこに～がある　portrait :m 肖像画、描写、顔
sans ～のない　retouche :f 修正、手直し　de ～の
homme :m 男、人間　　auquel (à+lequel 関係代名詞縮約形；前の名詞 homme を示す)
appartiens à ～のもの、に属する、尽くす、捧げる appartenir 一単現

あの人が私をその腕に抱く時　　　　そっと、私に話しかける時
quand ～の時　il 彼、あの人　　me 私を　　prend 取る、つかむ、抱く prendre 三単現
dans の中に　ses 彼の（複数形）　bras :m 腕
qu'=que ＜ここでは、先行 quand の代用、～の時＞（que は省略し歌唱される場合がある）
me 私に　parle 話す parler 三単現　tout 全く、とても　bas 低く、弱く、下に、そっと、小声で

私の見るのはバラ色の人生
vois 見る voir 一単現　　vie :f 人生、生活　　en の状態の　rose :f ばらの花　m ばら色

あの人が私に愛の言葉をささやく　　　　いつもの言葉だけど
dit 言う、語る dire 三単現　mot :m 言葉、文句、単語　amour :m 愛、恋
tous les jours 毎日、ふだん、いつも
それでも何かを感じる
et そして、すると、で　ça それがそのことが　　me 私に
fait 起こす、～させる faire 三単現　quelque chose 何か、何事か、あるもの

あの人が私の心の中に入ってきた　　　　ささやかな幸せ
Il 彼が　　entré 入る entrer 過去分詞（助動詞 être 三単現）　cœur :m 心
part :f 部分、一部　bonheur :m 幸福、幸せ

そのわけはわかってる
dont その、それの；関係代名詞状況補語、先行詞＜ここでは、幸せの＞
cause :f 理由、原因、わけ　connais 知っている、わかっている connaître 一単現

(2)

Des nuits d'amour à plus finir　　**Un grand bonheur qui prend sa place**
デニュィダムーる　アプリュフィニーる　　アングらンボヌーる　キプらンサプラース

Des ennuis, des chagrins s'effacent Heureux, heureux à en mourir
デザンニュイ　デシャグらン　セファース　　ウるー　ウるー　アアン　ムりーる

　　Quand il me prend dans ses bras　**Il me parle tout bas**
　　カーンティルム　プらン　ダンセブら　　イルム　パるル　トゥバ
　　Je vois la vie en rose
　　ジュヴォワ　ラヴィアンろーズ

　　Il me dit des mots d'amour　　**Des mots de tous les jours**
　　イールムディ　デモダムーる　　　デモドゥ　トゥレジューる
　　Et ça me fait quelque chose
　　エサムフェ　ケルクショーズ

　　Il est entré dans mon cœur　　**Une part de bonheur**
　　イーレタントゥれ　ダンモンクーる　　ユヌパーる　ドゥボヌーる
　　Dont je connais la cause
　　ドンジュコネ　ラコーズ

　« C'est toi pour moi,　　　**Moi pour toi dans la vie »**
　セトワ　プーるモワ　　　　　モワ　プーるトワ　ダンラヴィ

　　Tu me l'as dit,　　　　　**l'as juré pour la vie**
　　ティュムラディ　　　　　　ラジュれ　プーるラヴィーア

　　　Et dès que je t'aperçois　　**Alors je sens en moi**
　　　エーデクジュタぺるソワ　　　アロー　ジュサンザンモワ
　　Mon cœur qui bat
　　モンクーる　キバー

　　La....la.....la....　　　　　　ラーラララララ　ラーラララら

　　　　　　　　　　　　　　　　　ラーラーラーラー

（1続き）

「あのひとは私のために　　　　　私はあの人のために　一生」
c'est それは〜です　lui 彼　pour のための　moi 私　　dans la vie 人生で

そうあの人は私にそう言った、そう誓ってくれた　いつまでもと
l': le それ、そのこと　juré 誓う、明言する jurer 過去分詞　pour la vie 一生、いつまでも

だから、あの人の姿を見かけるとすぐに　　私の中で感じる　　胸がときめくのを
et そして、それで　dès que 〜するとすぐに　l':le 彼、あの人　aperçois 見つける、認める、気づく apercevoir 一単現　alors その時　sens 感じる sentir 一単現　en の中で　　cœur :m 心、心臓、胸　qui 関係代名詞主語　　bat 打つ、たたく、ときめく battre 三単現

(2)
夜々尽きることのない恋　　　　　　すばらしい幸せに満ちて
nuit :f 夜　　à (名詞の補語)　plus もう〜しない　finir 終わる、果てる
grand, e 大きな、偉大な　　　bonheur :m 幸福、幸せ　prend 得る、取る、占める、
prendre 三単現　　place :f 場所、位置

不安や悲しみもどこかにいってしまう　　幸せで幸せで死んでしまいそう
ennui :m 不安、心配、退屈、憂愁　chagrin :m 悲しみ、悩み、心配
s'effacent :消える、消え去る s'effacer 三複現　heureux, se 幸福な、幸せな、うれしい
à en mourir 死ぬほど、非常に　　en そのことで、そのため

（中間部：1番と同じ歌詞）

「あなたは私のために　私はあなたのために　一生」
toi あなた、君

あなたはそう言った、そう誓ってくれた　いつまでもと
tu あなたは、君は

だから、あなたの姿を見かけるとすぐに　　私の中で感じる　　胸がときめくのを

ラ・・・・ラ・・・・・ラ・・・・・・

リエゾン（連音：liaison）

単独の単語としては発音しない語末の子音が、後続する単語の語頭の母音字（もしくは無音の h に続く母音字）と結びつけて発音される現象をリエゾン（連音）という。

１）リエゾン（連音）する組合せ

冠詞＋名詞	Les+enfants レ･ザンファン　子供達
冠詞＋形容詞（名詞）	Les aimables personnes　レ･ゼマブル･ぺるソンヌ 親切な人達
形容詞＋名詞	Un petit enfant アン･プティ･タンファン　一人の子供 Mes amis メ･ザミ　私の友達
前置詞＋（冠詞）＋(代)名詞	Dans un hôtel ダン･ザン･ノテル　ホテルにて
副詞＋形容詞	Très aimable トレ･ゼマブル　とても愛想のよい
主語代名詞＋(目的語代名詞) ＋(y, en)＋動詞	Nous avons ヌ･ザヴォン　私達は持つ Il est allé イ･レ･タレ　彼は行った Il vous attend イル･ヴ･ザタン　彼はあなたを待つ Nous en avons ヌ･ザン･ナヴォン　私達はそれを持つ
命令形：動詞＋(代名詞)＋y, en	Allez-vous-en アレ･ヴ･ザン　行きなさい Allons-y アロン･ズィ　行きましょう Emmenez-les-y アンムネ･レ･ズィ それをそこに持っていけ
接続詞 quand の後、 関係代名詞 dont の後	Quand on viendra カン･トン･ヴィヤンドら　人が来る時 Dont il parle ドン･ティル･パるル　彼が話すこと
être の三人称＋属詞(状況補語)	C'est un livre セ･タン･リーヴる　それは本です Ce stylo est à moi ス･スティロ･エ･タ･モワ 万年筆は私のです
倒置形：動詞＋主語代名詞	Est-il venu? エ･ティル･ヴニュ　彼は来たか Peut-on le voir? プ･トン･ル･ヴォワーる　それを見れるか
成句	Tout à coup トゥ･タ･ク　突然 De temps en temps ドゥ･タン･ザン･タン　時々

un, aucun on, rien, bien, en, combien は一般に鼻母音を残したままリエゾンする。
[鼻母音] ⇒ [鼻母音+n]の発音になる。例：un ami [œ̃ ･ nami]（アン･ナミ）一人の友人

鼻母音がリエゾンで非鼻母音化する場合：
語尾が鼻母音[ɛ̃]（アン）の形容詞が名詞の前に置かれると[ɛ]（エ）+[n]となる。
certain âge [sɛrtɛnɑʒ]セるテナージュ（年配、相当な年）　plein air [plɛrnɛr]プレネーる（屋外）
bon [bɔ̃]は非鼻母音化する。mon, ton, son は非鼻母音化することがある。

2） リエゾンの場合の語末子音字の発音

s, x, z	[z]	mes amis [mɛzami メザミ] 私の友達	
		deux heures [døzœ:r ドゥズーる] 二時、二時間	
		chez elle [ʃezɛl シェゼル] 彼女の家で	
d, t	[t]	C'est un garçon [sɛtœ̃garsɔ̃ セタンガるソン] これは少年です	
		grand arbre [grɑ̃tarbr グランタるブる] 大きな木	
n	[n]	un étudiant [œ̃netydjɑ̃ アンネテュディアン] 学生	

希に　g [g] (又は [k])　p [p]　r [r]

long hiver [lɔ̃giver ロングイヴェる] 又は [lɔ̃ kivɛr ロンキヴェる] 長い冬
beaucoup aimé [bokupeme ボクペメ] 大いに愛された
premier étage [prəmijeretaʒ プるミエれタジュ] 二階

3） リエゾンしない組合せ

名詞主語 † 動詞	Mes amis †ont des livres メ・ザミ・オン・デ・リーヴる 私の友達は本を持っている Jean†a mangé ジャン・ア・マンジェ ジャンは食べた ただし、主語代名詞の場合はリエゾンする。 Ils ont mangé イル・ゾン・マンジェ 彼等は食べた
単数名詞 †（後続）形容詞	Un étudiant † intelligent アン・ネティディアン・アンテリジャン 聡明な学生 Un enfant †aimable アン・ナンファン・エマブル 可愛い子 複数名詞＋形容詞の場合にはリエゾンする場合もある。 Des étudiants intelligents デ・ゼティディアン・ザンテリジャン
et の後	Un homme et†une femme アン・ノム・エ・ユヌ・ファム 男と女
倒置された主語代名詞の後	Sont-ils †arrivés? ソン・ティル・アリヴェ 彼等は着いたか
有音の h の前	Très †haut トゥれ・オ とても高い Les †héros レ・エろ 英雄達

7. COMPLAINTE DE LA BUTTE モンマルトルの丘

コンプラントゥ ドゥ ラ ビュトゥ　　　　　　　Cora Vaucaire

(1)
En haut de la rue Saint-Vincent　　**Un poète et une inconnue**
アンオ ドゥラリュ サンヴァンサン　　　アンポエーテ ユナンコニュゥ

S'aimèrent l'espace d'un instant　　**Mais il ne l'a jamais revue**
セメー レスパース ダンナンスタン　　メズィルヌラ ジャメ るヴュゥ

Cette chanson, il composa　　　　**Espérant que son inconnue**
セトゥシャンソン イルコンポザ　　　　エスペらン ク ソナンコニュゥ

Un matin d'printemps l'entendra　　**Quelque part au coin d'une rue**
アンマタン プらンタン ランタンドゥら　　ケルクパーる オコワンディュヌリュゥ

La lune trop blême　**Pose un diadème**　**Sur tes cheveux roux**
ラリュヌ トゥろブレーム　ポーズアン ディアデーム　スュるテー シュヴるー

La lune trop rousse　**De gloire éclabousse**　**Ton jupon plein d'trous**
ラリュヌトゥろるース　ドゥグロワーるエクラブース　トンジュポンプラン トゥる

La lune trop pâle　**Caresse l'opale**　**De tes yeux blasés**
ラリュヌ トゥろパール　カレス ロパール　ドゥテズィュ ブラゼ

Princesse de la rue　**Sois la bienvenue**　**Dans mon cœur blessé**
プらンセス ドゥラリュ　ソワラ ビヤンヴニュ　ダンモンクーるブレセ

Les escaliers de la Butte　　**Sont durs aux miséreux**
レゼースカリエー ドゥーラ ビュトゥ　ソンディューる オミーぜるー

Les ailes des moulins　　　　**Protègent les amoureux**
レゼール デー ムラーン　　　プロテージュ レザムるー

(1)
聖ヴァンサン通りの上の方で　　　　　　ある詩人と見知らぬ女が
complainte :f 哀歌、悲歌、嘆き節 butte :f 小高い丘 (la Butte=la Butte Montmartre モンマルトル
の丘) en haut de 〜の上部に、頂に haut :m 高さ、上部 rue :f 通り、街 saint, e 聖人
poète :m 詩人　　et と、そして　 inconnu, e 見知らぬ人、無名の人、初対面の人
つかの間　愛し合った　　　　　　　　でも詩人は二度とその女に会うことはなかった
s'aimèrent 愛し合った s'aimer 三複単純過去 espace :m 空間、時間の間
instant :m 瞬間、つかの間　mais だけど　ne〜jamais 決して〜ない
revu, e 再び会う revoir 三単複合過去（女性形目的語 l'=la が前にあるため e が付く）

この歌を　詩人は作った　　　　　　　望むらくはあの見知らぬ女が
chanson :f 歌　 composa 作曲した、作った composer 三単単純過去
espérant que〜を望みながら、期待しつつ　espérer 現在分詞
春の朝　これを聞いてくれたら　　　　　どこか通りの片隅でと
matin :m 朝　printemps :m 春　entendra 聴く entendre 三単未来
quelque part どこかで　　 coin :m 片隅、一角

月はとても明るく　　髪飾りをのせた（よう）　　君の赤毛の髪の上に
lune :f 月　trop とても、あまりに　blême 青ざめた、ほの白い　poser 置く、取り付ける
diadème :m ティアラ、王冠型髪飾り　sur の上に、に
cheveu (pl. x) :m 髪、髪の毛　roux, rousse 赤茶色の、赤毛の
月はとても赤茶けて　　　　輝きを　はねつけた　　君の穴だらけのペチコートに
gloire :f 栄光、誇り、光輝　éclabousser にはねかける、巻き添えにする、ひけらかす
jupon :m ペチコート、アンダースカート　plein de で一杯の、に満ちた　trous :m 穴

月はとても青白く　オパールのような乳白色の　うつろな君の眼差しを　優しく照らした
pâle 青白い、青ざめた、(光が)弱い、淡い　caresse 愛撫する、撫でる caresser 三単現
opale :f オパール m 乳白色　yeux :m.pl 眼、両目（単数は œil）
blasé 無感動になった、うんざりした、食傷気味の、飽き飽きした
街通りの王女様　　　　　来ておくれ　　私の傷ついた心に
princesse :f 王女　 sois 〜であれ、でいてください être 二単現命令法
bienvenu, e 歓迎される人、物　cœur :m 心、心臓、胸 blessé 傷ついた、負傷した

丘の石段は　　　　　　貧しい者に厳しいが
(単語の説明は次々頁参照)
風車の羽が　　　　　恋人たちを守ってくれる

(2)

Petite mendigote　　**Je sens ta menotte**　　**Qui cherche ma main**
プティトゥ　マンディゴトゥ　　ジュサン　タムノットゥ　　　　キシェるシュ　ママン

Je sens ta poitrine　　**Et ta taille fine**　　**J'oublie mon chagrin**
ジュサン　タポワトゥりーヌ　　エタターユ　フィーヌ　　　　ジュブリ　モンシャグらン

Je sens sur tes* lèvres Une odeur de fièvre　　**De gosse mal nourrie**
ジュサンスュるテレーヴる　ユノドゥーる　ドゥフィエーヴる　　ドゥゴースマルヌり

Et sous ta caresse　　**Je sens une ivresse**　　**Qui m'anéantit**
エス　タカれース　　　　ジュサン　ズュニヴれース　　　　キ　マネアンティ

Les escaliers de la Butte　　**Sont durs aux miséreux**
レゼースカリエー　ドゥーラ　ビュトゥ　　ソンディューる　オミーぜるー

Les ailes des moulins　　**Protègent les amoureux**
レゼール　デー　ムラーン　　　　プろテージュ　レザムるー

Mais voilà qu'il flotte　　**La lune se trotte**　　**La princesse aussi**
メヴォワラ　キルフロットゥ　　ラリュヌ　ストゥろットゥ　　ラプらンセス　オスィ

Sous le ciel sans lune　　**Je pleure à la brune**　　**Mon rêve évanoui**
ス　ルスィエル　サンリュヌ　　ジュプルーる　アラブリュヌ　モンれーヴ　エヴァヌイ

注記：* 三段目 **tes lèvres** は **ta lèvre** （タレーヴる）と歌われているものもある。

COMPLAINTE DE LA BUTTE

　　Words by Jean Renoir　　Music by Georges Van Parys
　　© 1954 by MERIDIAN EDTIONS SARL
　　International copyright secured. All rights reserved.
　　Rights for Japan administered by PEERMUSIC K.K.

(2)
かわいい乞食女　　私は感じる　君の小さな手が　私の手を求めるのを
petit, e 小さい、かわいい、くだらない　　mendigot, e 乞食、物乞い
sens 感じる、感触を得る sentir 一単現　menotte :f おてて、可愛い手 pl 手錠
qui 関係代名詞主語　　cherche 捜す、求める chercher 三単現　　main :f 手

私は感じる　　　あなたの胸と　　か弱い体を　　そして私は悲しみを拭い去る
poitrine :f 胸、乳房　　taille :f 体つき、胴、腰、身長、大きさ　fin, e 細い、ほっそりした
oublier 忘れる　　　　chagrin :m 悲しみ、悩み、心配

あなたの唇に感じる　　　熱い香り　　　恵まれぬ娘の
lèvre :f 唇　odeur :f 匂い、香り　　fièvre :f 熱、熱狂、興奮
gosse 子供、がき、若者　mal 悪く、良くなく、不十分に
nourri, e 食事/栄養を与えられた、充実した

そしてあなたの愛撫に　　　うっとりして　我を忘れる
caresse :f 愛撫、優しく触れること　　ivresse :f 酔い、陶酔、酩酊、うっとり、夢中
anéantit 無にする、消滅する anéantir 三単現

丘の石段は　　　　　　　貧しいものに厳しいが
escalier :m 階段　　butte :f 小高い丘　　sont は〜です être の三複現　　dur, e 厳しい、耐え難い、
困難な、堅い　　aux :à+les の縮約形　miséreux, se 貧しい(人)、みすぼらしい(人)

風車の羽根が　　　　　恋人たちを守ってくれる
aile :f 羽根、翼　　moulin :m 風車、水車、製粉機　　protègent 守る、保護する、防ぐ
protéger 三複現　　amoureux, se 恋をしている人、恋人

だが、雨がそぼ降りだすと　　　お月様は去り　　　王女様もまた
voilà que 〜が起る、起っている、ほら〜する il flotte 雨が降る
se trotte 急いで立ち去る、逃げ出す、ずらかる　aussi もまた、も同様に

空に月はなく　　　さめざめと泣く　　たそがれ時　　わが夢は消え去りし
sous 〜の下　ciel :m 空　sans 〜のない　　pleurer 泣く、嘆く　brun, e 褐色の、焦げ茶色の
à la brune :夕暮れに、たそがれ時に　　rêve :m 夢、望み　évanoui, e 消え去った

アンシェヌマン (enchaînement :連鎖音)

語末の常に発音される子音を後続語の語頭の母音と結びつけて発音する現象をアンシェヌマン（連鎖音）という。

poète ([pɔɛt] ポエトゥ)+ et ([e]エ)	=	poète et ([pɔɛ・te] ポエ・テ) 詩人と
il ([il]イル) + est ([ɛ]エ)	=	il est ([i・lɛ]イ・レ) 彼は～です
une ([yn]ユヌ) + étoile ([etwal]エトワル)	=	une étoile ([y・netwal]ユ・ネトワル) 星

注記： 前の語の末尾の子音は後続語の母音と結びついて、1音節を形成する。

リエゾン（連音）(P52 参照)の場合は、単独では発音しない語末の子音においてその子音が有音化するのに対して、アンシェヌマン（連鎖音）は単独でも発声する語末の子音と後続の母音との連鎖で発生する。このため、アンシェヌマンは早口の会話、歌唱においては、そのような語の間ではどこでも出現する可能性がある。

ｈの音 (h : 字母呼称は [aʃ] アシュ)

hはフランス語では発音されない。フランス語には日本語における「は行」の音
「は(ha) ひ(hi) ふ(hu) へ(he) ほ(ho)」がない。
ただし、文字上の表記としてｈの綴りがあり、語のはじめにくるｈは文法上の約束事とて二つの種類に分けられる。

無音（むおん）のｈ (h muet アシュ・ミュエ)： 発音しない。
　　　　　ｈは無いかのように、ｈの次の母音がリエゾン、エリズィヨン、アンシェヌマンの扱いを受ける。
　　　　　例： l'histoire リストワーる：歴史、話

有音（ゆうおん）のｈ (h aspiré アシュ・アスピレ)：発音しない。
　　　　　（有音とは単なる名称にすぎない。）子音のｈが有るかのように扱われ、ｈの次の母音がリエゾン、エリズィヨンの扱いを受けることはない。
　　　　　辞書には、†ｈ、＊ｈ、ｈ'のように印がついている。
　　　　　語数としては、有音のｈの単語は少ない。
　　　　　例：en haut [ɑ̃‘o] アン・オ　上に（アン・ノと発音しない。）

命令法の用法　　Mode Impératif

命令法は命令、指示の他、勧告、要望、依頼等を表す。
場合により、間投詞と用いられる。又、条件、譲歩等を示すこともある。

命令法の時制

単純形 (動詞自体が活用)	複合形 (助動詞の活用形＋過去分詞)
命令法現在 現在、又は、未来において達成されるべき行為	**命令法過去** 未来のある時期までに完了しておくべき行為

例：単純形
Venez demain à dix heures　　　明日 10 時にいらっしゃい。

例：複合形
Soyez revenu avant dix heures　10 時までには戻っていなさい。

8. LES FEUILLES MORTES 枯葉 Yves Montand

レフーィユ　モるトゥ

Oh! je voudrais tant que tu te souviennes
オー　ジュヴドゥれ　タンク　ティユトゥ　スヴィエンヌ
あ　れ　はと　　お　い　お　も　　いで

　　　　　　Des jours heureux où nous étions amis
　　　　　　デジューる　ズーるー　ウヌゼティョン　ザミ
　　　　　　やが　　て　き　　えるほか　　　げも

En ce temps-là la vie était plus belle
アンスタンララヴィ　エテ　プリュベル
ま　どべ　あかく　　かが　や　き

　　　　　　Et le soleil plus brûlant qu'aujourd'hui
　　　　　　エル　ソレィュ　プリュ　ブりュラン　コジュるドゥュイ
　　　　　　ひか　りみ　　ち　　た　あ　のこ　ろ

Les feuilles mortes se ramassent à la pelle
レフーィユ　モるトゥ　スらマスタ　ラベル
とき　　は　さ　　　りて　しず　かに

　　　　　　Tu vois, je n'ai pas oublié...
　　　　　　ティュヴォワ　ジェネパ　ズーブりエー
　　　　　　ふ　　り　　つ　むお　ちば　よ

Les feuilles mortes se ramassent à la pelle
レフーィユ　モるトゥ　スらマスタ　ラベル
ゆめ　　に　ゆ　　めを　かさ　ねて

　　　　　　Les souvenirs et les regrets aussi
　　　　　　レスヴニーる　エレ　るグれ　ゾスィー
　　　　　　ひとりい　　　きる　かな　しさ

Et le vent du Nord les emporte
エ　ルヴァン　ディュ　ノーる　レザンポるトゥ
こ　がら　　し　　ふ　　きす　さ　び

　　　　　　Dans la nuit froide de l'oubli
　　　　　　ダンラニュイ　フろワードゥ　ドゥ　ルブリー
　　　　　　と　きは　　か　　　え　　らず

Tu vois, je n'ai pas oublié　　**La chanson que tu me chantais**
ティュヴォワ　ジュネパ　ズーブりエ　　ラシャンソン　ク　ティュム　シャンテー
こ　　こ　　　ろ　にうた　うは　　　ああ　シャンソンこい　のう　た

ああ、願ってる　とても　あなたに想い出してくれたらと
oh ああ、おお:間投詞　voudrais que〜であることを望む、〜してもらいたい vouloir 条件法一単現　tant それほど、たくさん、とても
te souviennes de を思い出す、覚えている se souvenir 接続法二単現
幸せな日々　二人が好意を寄せ合っていた時を
jour :m 日、時期 heureux, se 幸せな、うれしい、楽しい　où 〜の時の、の場所の
étions 〜であった être 一複半過去　　ami, e 友人、恋人

あの頃　日々の出来事がもっと生き生きしていて
en ce temps-là その時は、当時 vie :f 生活、人生、暮らし était 〜であった、でした être 三単半過去　plus より、もっと　beau (pl. x), belle 美しい、すばらしい
日差しも　もっと輝いていた　今よりも
et そして、また soleil :m 太陽、日光　　plus 〜que よりももっと〜
brûlant 燃える brûler 現在分詞　aujourd'hui :m 今日、今

枯葉が寄せ集められてゆく　たくさん
feuille :f 葉、葉っぱ、紙片　mort, e 死んだ、枯れた
se ramassent 寄せ集まる、拾い集める se ramasser 三復現）　à 〜に、〜で　pelle :f ちり取り、鋤、シャベル、スコップ、熊手　à la pelle（シャベルでかき分けるほど）たくさん
でも　ほら　私は忘れてない……..
tu vois あのね、ほらね voir 二単現　ne〜pas 〜しない
oublié 忘れた　複合過去 avoir 一単現＋oublier 過去分詞
枯葉が寄せ集められてゆく　たくさん　　　　　　想い出と悔恨とともに
souvenir :m 想い出、記憶、追憶、回想　regret :m 後悔、悔い、遺憾、未練
aussi も、また、同様に

そして北からの風が枯葉と追憶を運び去ってゆく
vent :m 風　　du 〜の、からの du=de+le 縮約形　　nord :m 北、北部（地方）、北風
emporte 持ち去る、運び去る、取り去る、奪う emporter 三単現
寒い夜　忘却のかなたへと
dans の中へ、に　nuit :f 夜、闇　froid, e 寒い、冷たい、冷えた
de 〜の　　oubli :m 忘却、忘れること、失念

でも　ほら　私は忘れてなかった　　　　　　あの歌を　あなたが私に歌ってくれた
chanson :f 歌、歌曲、歌詞　que 関係代名詞直接補語
chantais 歌う　chanter 二単半過去

C'est une chanson qui nous ressemble
セティユヌ　シャンソン　キヌるサンブル
くれ　　　ゆ　く　　あきのひ　よ

　　　　　Toi, tu m'aimais et je t'aimais
　　　　　トワ　ティュメメー　エジュテメー
　　　　　き　　ん　　いろの　かれ　はちる

(Et) nous vivions tous les deux ensemble
(エ) ヌヴィヴィヨン　トゥー　レドゥ　ザンサンブル
つか　の　　ま　　もえ　た　つ

　　　　　Toi qui m'aimais, moi qui t'aimais
　　　　　トワキメメー　モワキテメー
　　　　　こ　　いにした　お　ちばよ

＊　**Mais la vie sépare ceux qui s'aiment tout doucement**
　　　メラヴィ　セパーる　スキセームー　トゥドゥスマーン
　　　いつの　　ひか　　だかれ　て　　ち　か　いし

　　　sans faire de bruit
　　　サンフェーる　ドゥブるィ
　　　こ　と　　　ば　よ

　　Et la mer efface sur le sable les pas des amants désunis　＊
　　　エラメーる　エファース　スュるルーサーブルー　レパーデザマン　デズュニー
　　　はかな　　くた　　だ　ち　　りゆ　く　　いろあせし　　おち　　ば

La la la la la la...　　　　　　　**La la la la la la...**
ラララララ・・・

　　＊　**Refrain**　　（繰り返し）　　　　　　　（日本語詞：岩谷時子）

LES FEUILLES MORTES
ⓒ a) Publié avec l'autorisation de MM.ENOCH&Cie. Editeurs Propriétaires, Paris
　b) Paroles Françaises de Jacques PREVERT
　c) Copyright 1947 by ENOCH&Cie.
　Rights for Japan assigned to SUISEISHA Music Publishers, Tokyo

それは　ある一つの歌　　　二人に似ている
c'est～ それは～です ce+est(être 三単現)　ce それ、そのもの、これ
qui 関係代名詞主語　ressemble に似ている、ふさわしい ressembler 三単現

あなたは私のことを思っていて　私はあなたのことを思っていた
toi あなた、君　　aimais 愛する aimer 二単半過去/一単半過去

二人にはともに同じ時が流れていた
vivions 暮らす、生きる、過ごす vivre 一複半過去
tous les deux 二人とも　　ensemble 一緒に、同時に

私を愛していたあなた、あなたを愛していた私

*　けれど　人生は　引き離してしまう　愛し合うものを　そっと
mais しかし、けれど　sépare 分ける、別れさせる、仲を裂く séparer 三単現
ceux ～のそれ、の人々　指示代名詞 celui 複数男性形
s'aiment 愛し合う、互いに愛す s'aimer 三複現
tout 全く、すっかり　doucement 静かに、そっと、密やかに、やさしく

音を立てることもなく
sans ～なしに、～することなく　faire つくる、する、させる　bruit :m 物音、騒音、うわさ

そして波は消し去っていった　砂浜の　足跡を　　　別れてしまった二人の　　*
et そして　　mer :f 海、潮、＜ここでは波＞) efface 消す、なくす、削除する effacer
三単現（現在形だが内容的には過去）　　sur～の上　sable :m 砂＜ここでは砂浜＞)
pas :m 歩み、足音、足跡　　amant, e 愛人、恋人
désuni 別れた、離反した désunir 過去分詞形容詞的用法

ラララ　ラララ・・・　　　　　　　ラララ　ラララ・・・

～　くりかえし

(Paroles de Jacques Prévert　Musique de Joseph Kosma)

半母音を表す綴り

i, u, ou は、その後に母音字がくると半母音を表す。(ただし、語尾に e の場合を除く)
母音字の後に **il(l)** がくると半母音[j]イュになる。

綴り	発音	注意	単語例
i ＋母音字	[j] イ(ュ)	ヤユヨの頭音に近い	piano [pjano ピヤノ] ピアノ
母音字＋y＋母音字		y ＝i＋i に相当	
ay (ai+i)	[εj] エュ		payer [pεje ペイェ] 支払う
ey (ei+i)	[εj] エュ		asseyez [asεje アセイェ] 座れ
oy (oi+i)	[waj] ワュ		royal [rwajal ロワヤル] 王室の
uy (ui+i)	[ɥij] ユイュ		tuyau [tɥijo ティユイヨ] 管
u ＋母音字	[ɥ] ユ		nuit [nɥi ニュイ] 夜
ou＋母音字	[w] ウ		oui [wi ウィ] はい
母音字＋il(l)	[j] イュ	例外: ville[vil ヴィル]町 mille [mil ミル] 千	Travail [travaj トゥラヴァイユ] 仕事 Marseille [marsεj] マルセイユ feuille [fœj フーィュ] 葉

半母音（または、半子音）　　　[w]ウ－[ɥ]ユ－[j]イュ

母音＋母音の並びで、片方の母音が短く発音され、もう一方が明確に発音されるため、短く発音される母音が狭窄音（間がすぼまって狭い時の音）のような子音に近い性質をもつことになり、それ単独では母音としての一つの独立した音節形成能力を失ったもの。
このため、半母音単独では一音節（一つの母音扱い）とならない。（半子音ともいう。）

[w]ウ：　　[u]ウ、又は、[o, ɔ]オの半母音（半子音）

　　　　　　ウ/オは短く、狭く子音のように発音される。
　　　　　例：　oui [wi]　　　　（ウ・イ）　⇒　　（ゥイ）　　　はい
　　　　　　　　oiseau [wazo]　（オ・ア・ゾ）⇒　（ォア・ゾ）⇒（ワ・ゾ）鳥

[ɥ]ユ：　　[y]ユの半母音（半子音）　ユを短く発音し、すぐに次の母音に移行。
　　　　　例：　nuit [nɥi]　　　　（ニユ・イ）　⇒　（ニュイ）夜

[j]イ：　　[i]イの半母音（半子音）　「ヤ」「ユ」「ヨ」の頭音に近い音
　　　　　例：　feuille [fœj]　　（フー・イ）　⇒　（フーィュ）葉
　　　　　　　　yacht [jɔt]　　　（イ・オット）⇒　（ィオット）⇒（ヨット）

接続法 ： 事実や確実性はなく、思い、願望、恐れ等の感情をもたらすのに考えられた内容を不確実なこととしてあらわす法

接続法は主節・従属節をもつ複文にて、直説法又は条件法の主節に対して、接続詞 que 以下の従属節中の法・時制として用いられる。

主節の法・時制と従属節の接続法時制の関係

主節 動詞の法と時制	que 以下の従属節　接続法の動詞の時制		備考
	主節に対して同時、又は、未来の事象を示すとき	主節に対して過去の事象を示すとき	
直説法現在、又は、未来（及び、条件法現在）	接続法現在	接続法過去（複合時制）	
直説法過去時制、又は条件法	接続法半過去	接続法大過去（複合時制）	あまり用いられない

例：Je crains qu'il ne soit malade. 私は彼が病気ではないかと心配している。（ne は虚辞）

　　Il faut que j'aille.　　私は行かなければならない。

接続法は、独立文にて、Que を先立てた用法、Que を先立てない用法でも使用される。

接続法が用いられる場合：
要望・意欲・命令を表す動詞の後
感情を示す動詞の後
目的・条件・譲歩等を示す接続詞句の後
主節が判断（命令・必要・可能・疑惑等）、又は、感情を示す非人称文である時
主節が最上級、又は、類似の表現を含む時
主節が否定・反語調の疑問・条件などで、従属節で話し手にとって不可能・疑わしいと思われることを示す時

接続法は、独立文にて、願望・命令、譲歩等を示す。

9. L'AMOUR EST BLEU　　恋は水色　　Vicky

ラムーる　エ　ブルー

(1) Doux, doux, l'amour est doux
ドゥー　ドゥー　ラムーる　エ　ドゥー
Douce est ma vie, ma vie dans tes bras
ドゥース　エ　マヴィ　マヴィ　ダン　テブら

Doux, doux, l'amour est doux
ドゥー　ドゥー　ラムーる　エ　ドゥー
Douce est ma vie, ma vie près de toi
ドゥース　エ　マヴィ　マヴィ　プれ　ドゥ　トワ

Bleu, bleu, l'amour est bleu
ブルー　ブルー　ラムーる　エ　ブルー
Berce mon cœur, mon cœur amoureux
べるス　モン　クーる　モン　クーらムーるー

Bleu, bleu, l'amour est bleu
ブルー　ブルー　ラムーる　エ　ブルー
Bleu comme le ciel qui joue dans tes yeux
ブルー　コム　ル　スィエル　キ　ジュ　ダン　テ　ズィユ

Comme l'eau, comme l'eau qui court
コム　ロー　コム　ロー　キー　クーる

Moi, mon cœur court après ton amour
モワ　モン　クーる　クーるアプれー　トンナムーる

L'AMOUR EST BLEU　Words by Pierre Cour　Music by Andre C. Popp

©1967 WARNER CHAPPELL MUSIC FRANCE S.A. All rights reserved. Used by permission.

Print rights for Japan administrated by YAMAHA MUSIC PUBLISHING, INC.

L'AMOUR EST BLEU / LOVE IS BLUE　Words & Music by Pierre Cour and Andre Pop

© Copyright by CROMA MUSIC　Rights for Japan controlled by Shinko Music Entertainment Co., Ltd., Tokyo

Authorized for sale in Japan only

(1)

優しい、優しい、愛は優しい
doux, ce 優しい、心地よい、甘い　amour :m 愛、恋

心地よい　私の人生　　あなたの腕のなかで
vie :f 人生、生活　dans の中に、〜で　bras :m 腕

優しい、優しい、愛は優しい

心地良い　私の人生　　あなたのそばで
près de の近くに　toi あなた、君

水色、水色、恋は水色
bleu, e 青い、青ざめた :m 青色

私の心を揺する　私の恋する心
berce 揺する、あやす、和らげる bercer 三単現　　cœur :m 心、心臓
amoureux, se 恋をしている、惚れている、夢中の、恋愛の、恋人

水色、水色、恋は水色

水色の空のよう　あなたの眼差しに映る
comme のように　ciel :m 空　qui 関係代名詞　joue 遊ぶ、影響する、作用する jouer 三単現　yeux m.pl :目、両目、視線、眼差し(単数：œil)

　　　水のように　流れる水のように
eau, x :m 水、川　　court 流れる courir 三単現

　　私は、私の心は　あなたの愛を追い求める
court 走る、駆ける、流れる courir 三単現　courir après 追い求める　après の後

(2)

Gris, gris, l'amour est gris
グリー　グリー　ラムーる　エ　グリー

Pleure mon cœur lorsque tu t'en vas
プルーる　モン　クーる　ろるスク　ティュ　タン　ヴァ

Gris, gris, le ciel est gris
グリー　グリー　ルスィルエ　グリー

Tombe la pluie quand tu n'es plus là
トンブ　ラ　プリュィ　カン　ティュ　ネ　プリュ　ラー

Le vent, le vent gémit
ルー　ヴァン　ルヴァンジェミ

Pleure le vent lorsque tu t'en vas
プルーる　ルヴァン　ろるスク　ティュ　タン　ヴァ

Le vent, le vent maudit
ルー　ヴァン　ルヴァンモディ

Pleure mon cœur quand tu n'es plus là
プルーる　モンクーる　カン　ティュ　ネ　プリュ　ラー

Comme l'eau, comme l'eau qui court
コム　ロー　コム　ロー　キー　クーる

Moi, mon cœur court après ton amour
モワ　モン　クーる　クーるアプれー　トンナムーる

(2)

灰色、灰色、恋は灰色
gris, e 灰色の :m 灰色

私の心は泣いている　あなたが行ってしまう時
pleure 泣く pleurer 三単現　　lorsque〜する時
vas 行く aller 二単現　s'en aller 立ち去る、消える

灰色、灰色、空は灰色

雨が降る　あなたがもうそこにいない時
tombe 落ちる、降る、下がる、倒れる　tomber 三単現　pluie :f 雨
quand〜する時　ne〜plus もはや〜ない、もう〜ない　es にいる、ある être 二単現
là そこ、あそこ、ここ

風、風がうめいてる
vent :m 風　　gémit うめく、苦しむ、嘆く、悲しげになく gémir 三単現

風が泣いている　あなたが行ってしまう時

風、忌まわしい風
maudit, e 呪われた、嫌な

私の心は泣いている　あなたがもうそこにいない時

　　　水のように　流れる水のように

　　　私は、私の心は　あなたの愛を追い求める

(3)

Bleu, bleu, l'amour est bleu
ブルー　ブルー　ラムーる　エ　ブルー

Le ciel est bleu lorsque tu reviens
ル　スィエル　エ　ブルー　ロるスク　ティユ　るヴィアン

Bleu, bleu, l'amour est bleu
ブルー　ブルー　ラムーる　エ　ブルー

L'amour est bleu quand tu prends ma main
ラムーる　エ　ブルー　カン　ティユ　プらン　マ　マン

Fou, fou, l'amour est fou
フー　フー　ラムーる　エ　フー

Fou comme toi et fou comme moi
フー　コム　トワ　エ　フ　コム　モワー

Bleu, bleu, l'amour est bleu
ブルー　ブルー　ラムーる　エ　ブルー

L'amour est bleu quand je suis à toi
ラムーる　エ　ブルー　カン　ジュ　スュイ　ザ　トワー

L'amour est bleu quand je suis à toi
ラムーる　エ　ブルー　カン　ジュ　スュイ　ザ　トワー

(3)

<u>水色、水色、恋は水色</u>

<u>空は水色　あなたが戻って来る時</u>
reviens 戻って来る、帰って来る、戻る revenir 二単現

<u>水色、水色、恋は水色</u>

<u>恋は水色　あなたが私の手を取る時</u>
prends を手に取る、つかむ、持ってゆく prendre 二単現　　　main :f 手

<u>夢中になる　恋は夢中になる</u>
fou, folle 気の狂った、気違いの、夢中になった、熱狂した

<u>あなたのように夢中になる　　私のように夢中になる</u>

<u>水色、水色、恋は水色</u>

<u>恋は水色　私があなたのものになる時</u>
suis：être 一単現　　　à～の、に属する

<u>恋は水色　私があなたのものになる時</u>

cœur と **court** の発音の相違

cœur クーる / カーる [kœ:r]　　:心、気持ち、想い

cœur [kœ:r]の [œ](ウ/エ)は舌が比較的前よりの位置にあり、「クーる」(場合によって
「ケーる」「カーる」コーる」)のようにも聞こえる中間的な響きを持つ。

同じく、leur [lœr](彼らの、彼らに)の場合も「ルーる」にも「レーる」等にも聞こえる。

これは、右頁の母音表に示すとおり、[œ](ウ/エ)の舌の位置が[a]ア、[ɛ]エ、ウ[ə]、[ɔ]オの
位置に近いことから説明できる。

court クーる [ku:r]　　:走る (三単現)、短い

この　[u]（ウ）音は舌を後ろに引いて口の奥で強く明確に発音される[u]ウ音である。
「ア・イ・ウ・エ・オ」をはっきり発音する場合のウ音。

bleu, e ブルー [blØ]　　:青い、空色

このブルーの母音[Ø]（ウ）音は[œ]の（ウ）音よりも 口の開度を狭くし、ひきしまった音
としてて発音する。(丸唇)　右の母音表参照。
（参考：英語の **blue** [blú:] と綴りが異なる。)

母音表： 舌の位置と口の開度・唇形状と母音の関係

口＼舌		舌（盛上部）の位置			
		前舌 ・ 唇		中舌	後舌
		非円(平)唇	円(丸)唇		
口の開度	狭い	i	y		u
	やや狭い	e	ø	ə	o
	やや広い	ɛ	œ		ɔ
	広い		a		ɑ

ə（ウ）は弛緩的、緊張感のない状態で発生するため中間的な響きを持ち、「ア」や「オ」等、他の母音にも近い音になる。

半母音： 他の母音との移行時、舌、口等の動きにより発音されるため単独では母音とならない。（P64 参照）

半母音（半子音）[w] ウ：　[u] ウ、[o, ɔ] オと他の母音間の移動時に生じる。
半母音（半子音）[ɥ] ユ：　[y] ユと他の母音間に移行時に生じる。
半母音（半子音）[j] イ：　[i] イと他の母音間の移動時に生じる。

鼻母音： 息を口と鼻から出し、鼻腔の共鳴を伴う。（P46 参照）

[ã] アン　　[ɛ̃] アン (エアン)　　[ɔ̃] オン　　[œ̃] アン (ウン/エンにも聞こえる)

これらの鼻母音は「ア（エ、オ、ウ）」+「ン」の2音節ではなく、1音節で「アン」等と発音し、口の開きや位置は変えず、鼻にぬかせる。

注意：　鼻母音 [ɛ̃]（アン）と 非鼻母音 [ɛn]（エヌ）の相違
　　　　綴り、発音記号は類似していても音が異なる。
　　　　Parisien [parizjɛ̃] パリズィヤン(アン)　　（アンの響きが強い:母音で終わる開音節）
　　　　Parisienne [parizjɛn] パリズィエ(ン)ヌ　　（エヌの響きが強い:子音で終わる閉音節）

10. TOMBE LA NEIGE 雪が降る Adamo
トンブ ラ ネージュ

(1)

Tombe la neige
トンブー ラネージュ
ゆ き は ふ る

Tu ne viendras pas ce soir
ティュ ヌヴィヤンドゥらパ スソワーる
あ な た は こ ない

Tombe la neige
トンブー ラネージュ
ゆ き は ふ る

Et mon cœur s'habille de noir
エモンクーる サビーュ ドゥノワーる
おも い ここ ろ に

Ce soyeux cortège
スソワユー コるテージュ
むな し い ゆ め

Tout en larmes blanches
トゥタン らるム ブラッシュ
し ろ い な み だ

L'oiseau sur la branche
ロワゾー スュる ラブらンシュ
と り は あそ ぶ

Pleure le sortilège
ブルーる ルソるティレージュ
よ るは ふ け る

Tu ne viendras pas ce soir
ティュ ヌヴィヤンドゥらパ スソワーる
あ な た は こ ない

Me crie mon désespoir
ムクり モンデゼスポワーる
いく ら よんでも

Mais tombe la neige
メ トンブ ラネージュ
し ろ い ゆき が

Impassible manège
アンパスィブル マネージュ
た だ ふ る ばか り

La la la la   la la la   la la
ラーラ・ララ ラ・ララ ララ

Hum hum hum hum
ウム・ウム・ウム・ウム

© Copyright by 1963 Editions Rudo (日本語詞：安井かずみ)
The rights for Japan licensed to EMI Music Publishing Japan Ltd. (Paroles et Musique de Salvatore Adamo)

(1)

雪が降る　　　　　　　　　　　　　あなたは来ないだろう　今夜
tombe 降る、落ちる tomber 三単現　　tu 君、あなた　　ne～pas ～しない
viendras 来る　venir 二単未来形　　　ce この、その　　soir :m 晩、宵、夕方

雪が降る　　　　　　　　　　　　　私の心は暗闇をまとったまま
neige :f 雪　　　et そして、～と　　cœur :m 心
s'habille 服を着る、で覆う、飾る s'habiller 三単現在　noir :m 黒、黒衣、暗闇、陰鬱

その絹のような流れ　　　　　　　　全てが白い涙
soyeux, se 絹のような、柔らかで光沢のある cortège :m 行列、お供　　tout すべて
en の状態で、でできた、からなる　　larme :f 涙　　blanc, che 白い

鳥が枝の上で　　　　　　　　　　　呪いに泣いている
oiseau :m 鳥　　　sur ～の上に　　　branche :f 枝
pleurer 泣く、悲しむ、嘆く、涙を流す　sortilège :m 呪文、呪い、魔力

あなたは来ないだろう今夜と　　　　私の絶望が心の中で叫んでいるのに
crie 叫ぶ crier 三単現　　　　　　　désespoir :m 絶望、失望、残念

ただ雪が降っている　　　　　　　　淡々とした仕方で
mais まさに、全く、しかし　　　　　impassible 無感動な、動じない、冷静な、
平然とした、淡々とした　　　　　　manège :m たくらみ、策略、手管

ラ・・・ラ・・・ラ・・・ラ・・・　ム・・・ム・・・ム・・・

(2)

«　Tombe la neige　　　　　Tu ne viendras pas ce soir
　　　トンブ　ラネージュ　　　　ティユヌヴィヤンドゥらパ　スソワーる
（語り）「雪は降る、　　　　　　あなたの来ない夜、

　　　Tombe la neige　　　　　Tout est blanc de désespoir　»
　　　トンブ　ラネージュ　　　　トゥテブラン　ドゥデゼスポワーる
　　　雪は降る　　　　　　　　すべては消えた。」

Triste certitude　　　　　　　Le froid et l'absence
トゥりストゥ　セるティティュードゥ　　ルフろワ　エ　ラプサンス
こ　　の　　か　な　し　　み　　　こ　の　　さ　び　し　さ

Cet odieux silence　　　　　　Blanche solitude
セトディユー　スィランス　　　　ブランシュ　ソリティュードゥ
な　み　だ　　　　の　　よ　る　　ひ　　と　　りのよ　　　る

　　　Tu ne viendras pas ce soir　Me crie mon désespoir
　　　ティュ　ヌヴィヤンドゥらパ　スソワーる　ムくり　モンデゼスポワーる
　　　あ　　な　た　　は　　こ　　ない　　いく　　ら　よんでも

　＊　Mais tombe la neige　　　Impassible manège＊　（＊ refrain）
　　　メ　トンブ　ラネージュ　　　アンパスィブル　マネージュ　（＊ 繰り返し）
　　　し　ろ　い　　ゆ　き　が　　た　だ　ふ　る　　ばか　り

　　　La la la la　la la la　la la　Hum hum hum hum
　　　ラーラ・ララ　ラ・ララ　ララ　ウム・ウム・ウム・ウム

　　　La la　la la　la la　la　　La la　la la　la la　la

　　　La la　la la　la la　la

(2)

（語り）　「 雪が降る　　　　　　あなたは来ないだろう　今夜

　　　　　　雪が降る　　　　　　あらゆるものが絶望で白く覆われる 」
　　　　　　　　　　　　　　　（tout :m すべて）

悲しい確信　　　　　　　　　　寒さとあなたの不在
triste 悲しい、寂しい、嘆かわしい　　certitude :f 確信、確実性、確かな事実
froid :m 寒さ、冷たさ、冷淡　　　　absence [apsɑ̃s] :f 不在、欠席、欠乏、放心
　　　　　　　　　　　　　　　　注記：abs〜の綴り字のbの発音は[p](プ)

この忌まわしい沈黙　　　　　　　白い孤独
odieux, se 忌まわしい、憎らしい、耐え難い　silence :m 沈黙、静寂、静けさ、無言
solitude :f 孤独、ひとりぼっち

　　　　あなたは来ないだろう今夜と　　私の絶望が心の中で叫んでいるのに

　　＊　ただ雪が降っている　　　　　淡々とした仕方で　＊　(＊繰り返し)

　　　　ラ・・・ラ・・・ラ・・・ラ・・・　ム・・・ム・・・ム・・・

　　　　ラ・・・ラ・・・ラ・・・ラ・・・

カタカナ表記と実際の音節

viendra [vjɛ̃dra]　「ヴィヤンドゥら」（来るだろう）は2音節（母音の数が二つ）
　　　　　　　　　（ヴィャン）・（ドゥら）の二つのまとまりで発音する。
　　　　　　　　　（ヴィ）・（ヤ）・（ン）・（ドゥ）・（ら）の5音節ではない。

froid [frwa]　「フろワ」（寒い、冷たい）は1音節（母音の数が一つ）（フろワ）
　　　　　　　で発音する。
　　　　　　　（フ）・（ろ）・（ワ）の3音節ではない。

語末の e による音節の増加

tombe [tɔ̃b (ə)]　「トンブ」　（降る）　　　　　neige　[nɛʒ (ə)]「ネージュ」（雪）
blanche [brɑ̃ʃ (ə)]　「ブランシュ」　（白い）
これらの語は通常の会話上1音節で末尾の e[(ə)] (ウ)は発音しないが、歌唱、詩の朗読では
音を長引かせることから末尾の e[(ə)] (ウ)が継続して発音され1音節増え、2音節となる。

同様に、
solitude [sɔlityd (ə)]「ソリティュド」　（孤独）　3音節⇒　4音節
ne [n (ə)]「ヌ」（～ない）　無音節⇒有音節（1音節）　　となる。

ただし、これらの e[(ə)] (ウ)音は弛緩的に発音され(中間的、曖昧音)、明確な[u]ウではな
い。

（参考：「ラ・メーる」の説明の項目頁 P18 参照）

動詞の種類

Tombe la neige (降っている 雪が) は倒置形の表現である。
(歌詞では倒置形がしばしば用いられる。)
平叙文の定型形表現は La neige tombe (雪が降っている) となる。

(雪が降っている) は非人称主語を用い、Il tombe とも表現できる。

動詞の種類は下記のように類別化される。

分類	小分類	例文
自動詞	目的語をとらない	La neige tombait 雪が降っていた
		Il est fier 彼は高慢だ
他動詞	直接他動詞	Je prends ce livre
		私はこの本を取る（前置詞無し）
	間接他動詞	Elle pense à son pays natal
		彼女は故郷のことを考える（前置詞あり）
非人称動詞	本来の非人称動詞	Il pleut 雨が降る
	転化的非人称動詞	Il est arrivé un accident 事故が起った
代名動詞	再帰的代名動詞	Elles se sont réveillées 彼女達は眼を覚ました
	相互的代名動詞	Ils se battent 彼等はなぐり合う
	強調的代名動詞	Elle se souvient des jours passés
		彼女は過去の日々を思い出す
	受動的代名動詞	La porte s'ouvre 戸が開けられる（開く）

mon cœur s'habille de noir (私の心は暗闇/黒衣を纏っている/着ている)

ここで s'habille は代名動詞である。「私の心（主語それ自体）が黒色で纏っている。」ことから再帰代名詞 se (s')を伴う。
他動詞として機能する場合は再帰代名詞 se (s')は伴わない。
例： Elle habille son enfant 彼女はその子に服を着せる。

再帰代名詞 se は主語に応じて me, te, se, nous, vous 等に変化する。
例： Je me lève 私は起きる。（私は私自身を起こす。）

11. HYMNE A L'AMOUR　　愛の讃歌　　　Edith Piaf
イムヌ　ア　ラムーる

(1)
Le ciel bleu sur nous peut s'effondrer　Et la terre peut bien s'écrouler
ルスィエルブル　スュるヌプ　セフォンドゥれ　エラテーる　プビャン　セクるレー
あな　　た　　の　　もえ　るて　　で　　あたし　を　だき　　しめ　て

Peu m'importe si tu m'aimes　　　**Je me fous du monde entier**
プマンポーるトゥ　スィティュメーム　　ジュムフー　ディュモーンダンティエー
ただ　ふ　　た　　り　だ　け　で　　　い　きて　い　た　　い　の

Tant que l'amour inondera mes matins
タンクラムーる　イノンドゥら　メマタン
た　　だい　　のち　の　　　かぎり

Tant que mon corps frémira sous tes mains
タンクモンコーる　フれミら　ステマン
あ　た　し　　　は　あい　したい

Peu m'importe les problèmes　　　**Mon amour puisque tu m'aimes**
プマンポーるトゥ　レプろブレム　　　　モンナムーる　ピュイスク　ティュメーム
いの　ち　の　　かぎ　り　に　　　　あなた　　を　あ　い　したい

　　　J'irais jusqu'au bout du monde　Je me ferais teindre en blonde
　　　ジれ　ジュスコ　ブディュモンドゥ　ジェムフれ　タンドゥる　アンブロンドゥ
　　　ほほ　と　ほ　ほよ　　せ　て　　も　えるく　ち　　　づ　け　を
　　　Si tu me le demandais
　　　スィティュムル　ドゥマンデ
　　　か　わ　　すよ　ろこ　び

　　　J'irais décrocher la lune　　　**J'irais voler la fortune**
　　　ジれ　デクろシェ　ラリュヌ　　　　ジれ　ヴォれ　ラフォるティュヌ
　　　あな　たと　ふ　　たり　で　　　　くら　せ　　るもの　　な　ら
　　　Si tu me le demandais
　　　スィティュムル　ドゥマンデ
　　　な　ん　　にも　いら　ない

80

(1)
私達の頭上の青空だって崩れ落ちるかもしれない　地球だって壊れてしまうかもしれない
ciel :m 空、天　bleu, e 青い　sur の上に nous 私達 peut かもしれない、～してもよい、
してもかまわない、できる pouvoir 三単現　s'effondrer 崩れ落ちる、崩壊する
terre :f 大地、地球　bien まさに　s'écrouler 崩れる、崩壊する、潰える
hymne :m (儀式などで歌われる)歌、讃歌

でも私にとっては大したことじゃない　　　　　あなたが私を愛してくれるなら
世の中のことはどうでもいい
peu 少ししか（あまり）～でない　importe 重要である importer 三単現　peu importe　どうで
もいい si もし～なら aimes 愛する aimer 二単現　me fous de 侮る、ばかにする、どうでも
いい、問題にしない se foutre 一単現　monde entier :m 世界全体、世の中、世間、人々

愛が私を毎朝満たしてくれる限り　　　　　私の体があなたの両手でふるえる限り
tant que～する限り、する間に　amour :m 愛、愛情　inondera 満たす、一杯にする、洪水をお
こす inonder 三単未来　matin :m 朝　corps :m 体　frémira 震える frémir 三単未来
sous のもとに、に包まれて、の下に　main :f 手

問題なんてなんてことない　　　私のいとしい人　あなたが私を愛してくれるから
problème :m 悩み事、厄介事、問題　　　 amour :m 愛、愛する人、恋人、あなた)
puisque ～だから、である以上

　　　　　世界の果てまで行ってしまってもいい　　　金髪に染めたっていい
irais 行くでしょう、行く、～しようとする aller 一単現条件法　jusqu'au～まで
bout :m 先、果て、終り　monde :m この世、世界　　ferais ～させるでしょう
faire 一単現条件法　se teindre (髪を)染める　blond, e ブロンドの、金髪の

　　　　あなたが私にそうすることを望むなら
　　　 si もし　demandais 望んだ、望む、要求する、求める demander 二単半過去

　　　　月だって手に入れようとするでしょう　　　財産だって盗もうとするでしょう
décrocher はずす、取る、引き離す、手に入れる、ものにする　lune :f 月
voler 盗む、かすめとる　fortune :f 財産、富、運

　　　　あなたがそうすることを望むなら

Je renierais ma patrie　　　Je renierais mes amis
ジュるニれ　マパトり　　　　ジュるニれ　メザミ
な　んにも　いらない　　　　あ　なたと　ふたりで
Si tu me le demandais
スィティユムル　ドゥマンデ
い　き　て　い　く　の　よ
On peut bien rire de moi　　Je ferais n'importe quoi
オンプビヤン　りーるドゥモア　ジュフれ　ナンポるトゥコワ
あ　たし　　の　ねが　いは　　た　だそ　れ　だ　け　よ
Si tu me le demandais
スィティユムル　ドゥマンデ
あ　な　　たと　ふ　た　り

(2)
Si un jour la vie t'arrache à moi
スィアンジューる　ラヴィタらーシャモワ
か　た　く　　　　い　だ　き　あ　い
Si tu meurs, que tu sois loin de moi
スィティユムーる　クティユソワ　ロワンドゥモワ
も　え　る　　ゆび　に　か　み　を
Peu m'importe si tu m'aimes　　Car moi je mourrai aussi
プマンポーるトゥ　スィティユメーム　カるモワ　ジュムれ　オスィ
から　ま　せ　な　ァ　が　ら　　い　と　し　みな　がら
Nous aurons pour nous l'éternité　Dans le bleu de toute l'immensité
ヌゾろン　プーるヌ　レテるニテ　　ダンルブル　ドゥ　トゥットゥリマンスィテ
くちず　け　を　かわ　すの　　　あ　いこ　そ　も　　える　ひ　よ
Dans le ciel plus de problème　Mon amour crois-tu qu'on s'aime
ダンルスィエル　プリュドゥ　プろブレム　モンナムーる　クろワティュ　コンセーム
あ　た　し　　を　も　やす　ひ　こころ　　と　か　　かすこいよ

Dieu réunit ceux qui s'aiment
ディユ　れユニ　スキセーム
こ　　ころと　かすこいよ

(Paroles de Edith Piaf　Musique de Marguerite Monnot　日本語詞　岩谷時子)

自分の祖国を捨てたっていい　友達を裏切ってもかまわない　あなたが望むなら
renierais 裏切る、否認する、認めない、捨てる renier 一単条件法現在
patrie :f 祖国、故郷　　　ami, e 友、友達

みんな凄く私のことをばかにするかもしれないけど
私はどんなことでもするでしょう　　　　　　　あなたがそれを望むなら
on 人、人々、みんな peut かもしれない、できる pouvoir 三単現　bien よく、
たいへん rire de を笑う、嘲笑する、ばかにする　moi 私　ferais する、行なう
faire 一単条件法現在　　n'importe quoi 何でも、どんなことでも

(2)
たとえ　いつの日か、人生があなたを私から奪っても
si もしも、たとえ〜としても　un jour ある日、いつか　　vie :f 人生、暮らし、生活
arrache à から奪い取る、取り上げる arracher 三単現

あなたが死んでしまって、私から遠くへ行くようなことがあっても
meurs 死ぬ、消え去る mourir 二単現　(que :そしてもしも、et si＜前節の si との重複、
反復を避ける場合 que+接続法に代えることがある)　　　　sois 〜です être 二単接続法
loin de から遠い、離れた

あなたが私を愛してくれるなら何でもない　　なぜなら私も死ぬでしょうから
car なぜなら〜だから、というのは　　mourrai 死ぬでしょう mourir 一単未来
aussi もまた、同じく、同様に

私たちは二人のための永遠を手に入れるでしょう　　どこまでも無限の青空に
aurons 持つでしょう、手に入れるでしょう avoir 一複未来
pour nous 私達のために、二人にとっての　éternité :f 永遠、永久、不滅、来世
dans の中に　　bleu :m 青、空色　de 〜の　　tout, e すべての、全部の、全くの
immensité :f 無限、広大さ、無限の広がり、広大な空間

何の問題もない空に　　　恋人よ、信じるでしょう二人が愛し合っていることを
plus de 〜を超えて、通り越して、以上に　　crois-tu que :〜であることをあなたは
信じますか、思いますか　on 私達、二人、人々

　神は愛し合うものを結び給う
dieu :m 神、神様　　réunit 集める、まとめる、結びつける、合同・団結する
réunir 三単現　　ceux qui 〜するもの、人々　s'aiment 愛し合う s'aimer 三複現

Si を用いた仮定の表現

Si を用いた標準的な仮定文は次の三つに大別される。(例文付き)

実現性のある仮定　(現在・未来時に関して用いられる)

従属節（条件文）	主節
Si ＋ 直説法現在	直説法未来
Si j'ai le temps,	je t'aiderai.
暇があれば	手伝いましょう
仮定を意図する Si 以下の従属節で未来を示す場合でも動詞は現在形を用いる。 （従属節では単純未来形を用いない）	

現在の事実に反する仮定　(主に現在・未来時に関して用いられる)

従属節（条件文）	主節
Si ＋ 直説法半過去	条件法現在
Si j'avais le temps,	je t'aiderais.
暇があれば（暇があったら）	手伝ってあげるのだが （実際にはできそうもない）

過去の事実に反する仮定（主に過去時に関して用いられる）

従属節（条件文）	主節
Si ＋ 直説法大過去	条件法過去(助動詞条件法現在+過去分詞)
Si j'avais eu le temps,	je t'aurais aidé.
（あの時）暇があったのなら	手伝ってあげたのだが （実際にはそれができなかった）

注記：上記の Si を用いた仮定の表現の時制の組み合わせは標準的な場合を示している。
　　　文脈によっては異なる時制が使用される場合がある。
　　　Si を伴わない譲歩文（たとえ〜でも）では従属節でも条件法がよく使用される。

　　　Je le voudrais, je ne le pourrais pas.
　　　たとえ私がそれをしようとしても、私にはそうはできないだろう

条件法の用法

条件法は左記の非現実の仮定表現（法としての条件法）の他、下記にも使用される。

時制としての条件法　（間接話法の従属節にて）

・時制として過去における単純未来
例　Il disait：《Elle reviendra》　⇒　Il disait qu'elle reviendrait.
　　　　　　　　　　　　　　　　　　彼は彼女が帰って来るだろうと言っていた。
・時制として過去における前未来
例　Il disait:《Elle sera revenue avant midi ⇒Il disait qu'elle serait revenue avant midi.
　　　　　　　　　　　　　　　　　　彼は彼女が昼前には帰って来ているだろうと言っていた。

語調緩和・丁寧な依頼

Je voudrais vous demander un petit service.
　（私はあなたに）ちょっとお願いしたことがあるのですが
Pourriez-vous attendre un peu ?
　（あなたは）少しおまちしていただけますか？

遠まわしの非難・後悔

Vous auriez dû me le dire hier.　　（dû すべき devoir 過去分詞）
あなたは私にそれを昨日言ってくださればよかった。（実際にはそれを昨日言わなかった。）

推測・伝聞・疑念

J'aurais attrapé froid hier.
昨日風邪をひいたらしい
L'accident serait dû à une erreur humaine　　（dû à のせいで、に起因する）
事故は人為的ミスによるものと推測される。

12. L'AME DES POETES 詩人の魂 Charles Trenet
ラーム デ ポエトゥ

(1)

Longtemps, longtemps, longtemps,
ロンタン　　　ロンタン　　　ロンタン

Après que les poètes ont disparu
アプれ　クレ　ポエートゥオン　ディスパりュ

Leurs chansons courent encore dans les rues
ルーるシャンソン　クーるタンコーる　ダンレりュ

La foule les chante un peu distraite
ラフール　レシャントゥ　アンプ　ディストゥれトゥ

En ignorant le nom de l'auteur
アン　ニィニョらン　ルノン　ドゥ　ロトゥーる

Sans savoir pour qui battait leur* cœur
サンサヴォワーる　プーるキ　バテ　ルーるクーる
(*または son)

Parfois on change un mot une phrase
パるフォア　オンシャンジュ　アンモ　ユヌフらーズ

Et quand on est à court d'idée
エカン　トンネ　タクーる　ディデー

On fait la la la la la lé... La la la la la lé...
オンフェ　ラララララレ　　　　ラララララレ

L'AME DES POETES
Words & Music by Charles Trenet　© 1951 by EDITIONS RAOUL BRETON
All rights reserved. Used by permission.　Rights for Japan administered by NICHION, INC.

(1)

長い長い長い時が過ぎた　　　　詩人達がいなくなってから
longtemps 長い間、ずっと　après que〜の後に、〜してから　poète :m 詩人
ont disparus 見えなくなった、姿を消した、亡くなった disparaître 三複複合過去

でも詩人達の歌は、まだ街を流れている
leur 彼ら/彼女らの　chanson :f 歌、歌詞、曲　courent 走る、駆ける、流れる、広がる courir 三複現　encore まだ、なお、また、さらに　dans les rues 通りに、街中に

みな　詩人たちの歌を歌ってる　ちょっとした気晴らしに
foule :f 群衆、大衆、民衆、人込み　les chante それら＜歌＞を歌う chanter 三単現
un peu 少し、やや、多少　distrait, e 気紛れな、うわのそらの、放心した

作者の名も知らずに
en ignorant 知らないで、知らずに、無視して ignorer [iɲɔre]（イニョれ）現在分詞
nom :m 名前　auteur :m 作者、作家、創作者

知る由もない　誰に詩人たちが胸をときめかせたかなど
sans〜なしに、〜することなく　savoir 知る、覚えている、できる　pour qui 誰のために、誰に対して battait 打った、叩いた、ときめかせた battre 三単半過去
leur 彼（女）らの、それらの　cœur :m 心、胸

時おり、みな言葉や言いまわしを変え
parfois 時として、時々、時おり　on change 人々は変える、変更する　mot :m 言葉、文句
phrase :f 文章、文、句、フレーズ、楽節

そして、歌の内容を忘れると
et そして、また　quand 〜の時、〜する時　être à court de〜が足りない、不足した、
忘れた　idée :f 考え、着想、内容

みなで、ラララララレ・・・　　　ラ・ラ・ラ・ラ・レ・・・とやる
fait 作る、やる、にする、生じる、（音を）出す faire 三単現

(2)　　（注：2番は歌唱にて割愛されることがある）

Longtemps, longtemps, longtemps
ロンタン　　　ロンタン　　　ロンタン

Après que les poètes ont disparus
アプれ　クレ　ポエートゥオン　ディスパリュ

Leurs chansons courent encore dans les rues
ルーるシャンソン　クーるタンコーる　ダンレリュ

Un jour, peut-être, bien après moi
アンジューる　プテートゥる　ビエーナプれモワ

Un jour on chantera
アンジューる　オン　シャントゥら

Cet air pour bercer un chagrin
セテーる　プーる　べるセ　アン　シャグらン

Ou quelque heureux destin
ウ　ケルクーるー　デスタン

Fera-t-il vivre un vieux mendiant
フらティル　ヴィヴる　アンヴィュ　マンディアン

Ou dormir un enfant
ウ　ドるミーる　アンナンファン

Ou, quelque part au bord de l'eau
ウ　ケルクパーる　オボーる　ドゥロ

Au printemps tournera-t-il sur un phono
オプらンタン　トゥるヌらティル　スュる　アンフォノ

(2)

長い長い長い時が過ぎた

詩人達がいなくなってから

でも詩人達の歌は、まだ街を流れている

<u>いつか、もしかすると、きっと私の後に</u>
un jour いつか、ある日　peut-être もしかすると、たぶん　après のあとで、の次に
bien よく、とても、ずっと：通常[bjɛ̃]ビヤンだが歌唱にて bien après [bjɛnaprɛ]（ビエナプれ）と非鼻母音化している。

<u>ある日　人は歌うでしょう</u>
on 人は、人々、あなた方、私達　　chantera 歌う chanter 三単未

<u>この歌を　悲しみを慰め</u>
air :m 歌、旋律、節、アリア　bercer 揺する、あやす、和ませる 慰める
chagrin :m 悲しみ、心配、悩み

<u>あるいは　何か幸せな人生をはぐくむために</u>
quelque いくつかの、なんらかの、ある　　heureux, se 幸せな、幸福な、うれしい
destin :m 運命、将来、生涯

<u>その歌は年老いた物乞いに生きる糧を与えたり</u>
fera～させる、～する faire 三単未 fera-t-il : il fera の倒置形　vivre 生きる、暮らす、生計を立てる　vieux, vieil, vieille 年取った、老いた、古い　mendiant, e 乞食、物乞い

<u>子供を眠らせたりするしょう</u>
dormir 眠る、活用されていない　　enfant 子供、子

<u>あるいは　どこかの水辺で</u>
quelque part どこかで、どこかに　bord :m 縁、端、周辺、岸、ほとり　eau (pl. x) :m 水

<u>春の日に　奏でられるでしょう　レコードにのせて</u>
tournera 回る、回転する　tourner 三単未
phono :m 蓄音機(phonographe)、レコードプレーヤー(électrophone, tourne-disque)

(3)

Longtemps, longtemps, longtemps
ロンタン　　　ロンタン　　　　ロンタン

Après que les poètes ont disparus
アプれ　クレ　ポエートゥ　オン　ディスパリュ

Leur âme légère court encore dans les rues
ルーるアーム　レジェーる　クーるタンコーる　ダンレりュ

Leur âme légère, c'est leurs chansons
ルーるアーム　レジェーる　セ　ルーるシャンソン

Qui rendent gais, qui rendent tristes
キらンドゥ　ゲー　キらンドゥ　トゥりストゥ

Filles et garçons
フィーユゼ　ガるソン

Bourgeois, artistes
ブーるジョワ　アるティストゥ

Ou vagabonds.
ウ　ヴァガボン

Longtemps, longtemps, longtemps
ロンタン　　　ロンタン　　　　ロンタン

La la la la ……
ラ　ラ　ラ・・・

(3)

　　　長い長い長い時が過ぎた

　　　詩人達がいなくなってから

　　　でも詩人達の軽やかな魂は、まだ街を流れている

詩人達の軽やかな魂、それが詩人達の歌
âme :f 魂、精神、真心　　léger, ère 軽やかな、軽い、軽快な、あっさりした
c'est それは〜です ce+est 縮約形　ce それ、指示代名詞　est :être 三単現

その歌は人の心を楽しませ、悲しくもさせる
qui rendent〜それ＜彼等の歌＞は〜にさせる、にする、になる rendre 三複現
gai, e 陽気な、楽しい、快活な、明るい　　triste 悲しい、寂しい、みじめな

それが娘でも、青年でも
fille :f 娘、女の子　　garçon :m 男の子、少年、青年、給仕

街の人でも、芸術家でも
bourgeois, e 町人、市民、平民　　artiste 芸術家、芸人、技能者

それが宿なしであろうと・・・・・・
ou または、あるいは、さもなければ　　vagabond, e 放浪者、浮浪者

　　　長い長い長い時が過ぎた

　　　　ラララララ

動詞 avoir (アヴォワーる)

動詞 avoir は本動詞として所有、等を示す。(英語の have に相当)

例：J'ai un livre. (ジェ　アン　リーヴる)　私は一冊の本を持っている。

avoir の直説法現在形の人称変化は下記のとおり。

一人称単数	j'ai （ジェ）	一人称複数	nous avons （ヌザヴォン）
二人称単数	tu as （ティュア）	二人称複数	vous avez （ヴザヴェ）
三人称単数	il a / elle a （イラ / エラ）	三人称複数	ils ont / elles ont （イルゾン / エルゾン）

****

動詞 avoir は多くの動詞の複合時制で助動詞としても用いられる。(下表右側参照)
avoir(助動詞)+過去分詞の形を形成する。(P47 参照)

直説法の場合の時制を示す。(例：donner「与える」三人称単数)

	単純時制		複合時制	
現在	Il donne イルドヌ	複合過去	Il a donné イラドネ
半過去	Il donnait イルドネ	大過去	Il avait donné イラヴェドネ
単純過去	Il donna イルドナ	前過去	Il eut donné イリュドネ
単純未来	Il donnera イルドヌら	前未来	Il aura donné イロらドネ

avoir を助動詞とする複合時制では、直接補語が先行する場合のみ過去分詞の性数を一致させる。

例：Cette victoire, je l'avais prévue. セトゥヴィクトワーる　ジュラヴェ　プれヴュ
　　この勝利、私はそれを予想していた。
　　(末尾の e, あるいは e s は発音しない)

動詞 être （エートゥる）

動詞 être は本動詞として存在、状態、等を示す。（英語の be 動詞に相当）

例： C'est un livre. (セタン　リーヴる)　　それは一冊の本です。

être の直説法現在形の人称変化は下記のとおり。

一人称単数	Je suis （ジュスュィ）	一人称複数	nous sommes （ヌソム）
二人称単数	tu es （ティュエ）	二人称複数	vous êtes （ヴゼットゥ）
三人称単数	il est / elle est （イレ / エレ）	三人称複数	ils sont / elles sont （イルソン / エルソン）

****

動詞 être は一部の動詞（場所の移動・状態の変化を表す自動詞、及び、再帰代名詞と一緒に使う場合）の複合時制で助動詞としても用いられる。（下表右側参照）
être (助動詞)+過去分詞の形を形成する。(P47 参照)
直説法の場合の時制を示す。（例：partir「出発する」三人称単数）

	単純時制		複合時制	
現在	Il part イルパーる		複合過去	Il est parti イレパるティ
半過去	Il partait イルパるテ		大過去	Il était parti イレテパるティ
単純過去	Il partit イルパるティ		前過去	Il fut parti イルフュパるティ
単純未来	Il partira イルパるティら		前未来	Il sera parti イルスらパるティ

être を助動詞とする複合時制、受動態では過去分詞の性・数は主語に一致する。

例：Elles sont arrivées　　エルソンタりヴぇ　　彼女達は到着した。
　　Elle est aimée　　　　エレテメ　　　　　　彼女は愛されている。
　　（末尾の es, e は発音しない）

１３．動詞語尾変化表・活用表

動詞語尾変化表　直説法

（単純）時制	人称	-er動詞 語尾	-ir, -re, -oir動詞 語尾		参考
現在	je	-e	-s (-x)		-er動詞の一部は語幹が若干変化する。
	tu	-es	-s (-x)		
	il/elle	-e	-t (-/d)		
	nous	-ons　オン	*-ons		＊：単数では発音されない語幹末尾の子音字が複数では有音化する。
	vous	-ez　エ	*-ez		
	ils/elles	-ent	*-ent		
単純未来	je	-rai　れ			単純過去の語幹：
	tu	-ras　ら			多くは不定詞語尾の
	il/elle	-ra　ら			r 又は re, oir を除いたもの
	nous	-rons　ろン			
	vous	-rez　れ			
	ils/elles	-ront　ろン			
半過去	je	-ais　エ			半過去の語幹：
	tu	-ais　エ			直接法現在 1 人称複数 nous 動詞の語幹と同じ
	il/elle	-ait　エ			
	nous	-ions　イヨン			
	vous	-iez　イエ			
	ils/elles	-aient　エ			
単純過去	je	-ai	-is	-us	単純過去の語幹：
	tu	-as	-is	-us	一般に過去分詞と同じ
	il/elle	-a	-it	-ut	(書き言葉、文学の過去。
	nous	-âmes	-îmes	-ûmes	会話では用いられない)
	vous	-âtes	-îtes	-ûtes	
	ils/elles	-èrent	-irent	-urent	
過去分詞	原則的には不定詞語尾の-erを-éに、-irを-iに、-oir、-reを-uに変える。（例外も多い）性数の一致により、後ろにe,s,esがつく場合がある。				
現在分詞	一般に直説法現在形 1 人称複数形(nous)動詞の語尾-ontを-antに変える。				

不規則動詞： avoir, être, aller, faire,等、上記の内容に合致しない動詞がある。

動詞語尾変化表
命令法・条件法・接続法

(単純)時制	人称	動詞語尾			参考
命令法現在	je	なし			活用は一般に直接法現在と同形。主語の人称代名詞 tu,nous,vous を用いないことで区別。
	tu	-e / -s			
	il/elle	なし			-er 動詞、末尾が vrir/frir で終わる動詞、及び aller の場合、命令法では直説法現在2人称の末尾の s は落とす。(ただし、y, en の前では s が付く: va! ⇒ vas-y!, pense! ⇒ penses-y!, donne! ⇒ donnes-en!)
	nous	-ons			
	vous	-ez			
	ils/elles	なし			例外：être, avoir, savoir, vouloir の命令法現在は一般に接続法現在と同じ語幹を取る。
条件法現在	je	-rais　れ			条件法現在の語幹：直接法単純未来と同じ； 多くは不定詞末尾の r 又は re を除いたもの
	tu	-rais　れ			
	il/elle	-rait　れ			
	nous	-rions リヨン			条件法現在の語尾 = r +直接法半過去語尾
	vous	-riez リエ			
	ils/elles	-raient れ			
接続法現在	je	-e			接続法現在の語幹：
	tu	-es			直説法現在3人称複数 ils/elles 動詞の語幹と同じ
	il/elle	-e			(ただし-oir,-oire 型動詞 1,2 人称複数の語幹は直説法現在1人称複数と同じ)
	nous	-ions			
	vous	-iez			接続法現在複数 1,2 人称は直接法半過去と同形。
	ils/elles	-ent			接続法複数3人称は直説法現在と同形。
					-er 動詞は単数 1,2,3 人称も直説法現在と同形。
接続法半過去	-	-er 動詞	-ir, -re, -oir 動詞		
	je	-asse	-isse	-usse	接続法半過去の語幹： 一般に過去分詞と同じ（接続法半過去・大過去はあまり用いられない）
	tu	-assses	-issses	-ussses	
	il/elle	-ât	-ît	-ût	
	nous	-assions	-îssions	-ussions	
	vous	-assiez	-îssiez	-ussiez	
	ils/elles	-assent	-issent	-ussent	

不規則動詞：　avoir, être, aller, faire,等、上記の内容に合致しない動詞がある。

動詞 avoir の活用

avoir		現在分詞：ayant	過去分詞：eu	
直説法　現在	半過去	単純過去	単純未来	条件法　現在
j'ai	j'avais	j'eus	j'aurai	j'aurais
tu as	tu avais	tu eus	tu auras	tu aurais
il a	il avait	il eut	il aura	il aurait
nous avons	nous avions	nous eûmes	nous aurons	nous aurions
vous avez	vous aviez	vous eûtes	vous aurez	vous auriez
ils ont	ils avaient	ils eurent	ils auront	ils auraient
直接法複合過去	大過去	前過去	前未来	条件法　過去
j'ai eu	j'avais eu	j'eus eu	j'aurai eu	j'aurais eu
tu as eu	tu avais eu	tu eus eu	tu auras eu	tu aurais eu
il a eu	il avait eu	il eut eu	il aura eu	il aurait eu
n. avons eu	n. avions eu	n. eûmes eu	n. aurons eu	n. aurions eu
v. avez eu	v. aviez eu	v. eûtes eu	v. aurez eu	v. auriez eu
ils ont eu	ils avaient eu	ils eurent eu	ils auront eu	ils auraient eu
接続法　現在	接続法　過去	接続法　半過去	接続法　大過去	命令法
j'aie	j'aie eu	j'eusse	j'eusse eu	aie
tu aies	tu aies eu	tu eusses	tu eusses eu	ayons
il ait	il ait eu	il eût	il eût eu	ayez
nous ayons	n. ayons eu	nous eussions	n. eussions eu	不定法
vous ayez	v. ayez eu	vous eussiez	v. eussiez eu	現在　avoir
ils aient	ils aient eu	ils eussent	ils eussent eu	過去　avoir eu

否定形（直説法現在）	倒置形	否定倒置形
je n'ai pas	ai-je	n'ai-je pas
tu n'as pas	as-tu	n'as-tu pas
il n'a pas	a-t-il	n'a-t-il pas
nous n'avons pas	avons-nous	n'avons-nous pas
vous n'avez pas	avez-vous	n'avez-vous pas
ils n'ont pas	ont-ils	n'ont-ils pas

直説法複合過去の場合、上記の後に eu が続く。

　例： je n'ai pas eu　　　ai-je eu　　　a-t-il eu　　　n'ont-ils pas eu

動詞 être の活用

être	現在分詞： étant		過去分詞： été	
直説法　現在	半過去	単純過去	単純未来	条件法　現在
je suis	j'étais	je fus	je serai	je serais
tu es	tu étais	tu fus	tu seras	tu serais
il est	il était	il fut	il sera	il serait
nous sommes	nous étions	nous fûmes	nous serons	nous serions
vous êtes	vous étiez	vous fûtes	vous serez	vous seriez
ils sont	ils étaient	ils furent	ils serons	ils seraient
直説法複合過去	大過去	前過去	前未来	条件法　過去
j'ai été	j'avais été	j'eus été	j'aurai été	j'aurais été
tu as été	tu avais été	tu eus été	tu auras été	tu aurais été
il a été	il avait été	il eut été	il aura été	il aurait été
n.avons été	n. avions été	n. eûmes été	n. aurons été	n. aurions été
v.avez été	v. aviez été	v. eûtes été	v. aurez été	v. auriez été
ils ont été	ils avaient été	ils eurent été	ils auront été	ils auraient été
接続法　現在	接続法　過去	接続法　半過去	接続法　大過去	命令法
je sois	j'aie été	je fusse	j'eusse été	sois
tu sois	tu aies été	tu fusses	tu eusses été	soyons
il soit	il ait été	il fût	il eût été	soyez
nous soyons	n. ayons été	nous fussions	n. eussions été	不定法
vous soyez	v. ayez été	vous fussiez	v. eussiez été	現在 être
ils soient	ils aient été	ils fussent	ils eussent été	過去 avoir été

否定形(直説法現在)	倒置形	否定倒置形
je ne suis pas	suis-je	ne suis-je pas
tu n'es pas	es-tu	n'es-tu pas
il n'est pas	est-il	n'est-il pas
nous ne sommes pas	sommes-nous	ne sommes-nous pas
vous n' êtes pas	êtes-vous	n' êtes-vous pas
ils ne sont pas	sont-ils	ne sont-ils pas

être の直説法複合過去の場合、avoir 動詞の直説法現在の活用の後に été が続く。
　例：je n'ai pas été　　　ai-je été　　　a-t-il été　　　n'ont-ils pas été

-er 動詞の活用　（代表例 parler：話す）

parler	現在分詞： parlant		過去分詞： parlé	
直説法　現在	半過去	単純過去	単純未来	条件法　現在
je parle	je parlais	je parlai	je parlerai	je parlerais
tu parles	tu parlais	tu parlas	tu parleras	tu parlerais
il parle	il parlait	il parla	il parlera	il parlerait
nous parlons	nous parlions	nous parlâmes	nous parlerons	nous parlerions
vous parlez	vous parliez	vous parlâtes	vous parlerez	vous parleriez
ils parlent	ils parlaient	ils parlèrent	ils parleront	ils parleraient
直説法複合過去	大過去	前過去	前未来	条件法　過去
j'ai　　parlé	j'avais　　parlé	j'eus　　parlé	j'aurai　　parlé	j'aurais　　parlé
tu as　　parlé	tu avais　　parlé	tu eus　　parlé	tu auras　　parlé	tu aurais　　parlé
il a　　parlé	il avait　　parlé	il eut　　parlé	il aura　　parlé	il aurait　　parlé
n. avons parlé	n. avions　　parlé	n. eûmes　　parlé	n.aurons　　parlé	n.aurions　　parlé
v. avez　　parlé	v. aviez　　parlé	v. eûtes　　parlé	v. aurez　　parlé	v. auriez　　parlé
ils ont　　parlé	i. avaient　　parlé	i. eurent　　parlé	i. auront　　parlé	i.auraient　　parlé
接続法　現在	接続法　過去	接続法　半過去	接続法　大過去	命令法
je parle	j'aie　　parlé	je parlasse	j'eusse　　parlé	parle
tu parles	tu aies　　parlé	tu parlasses	tu eusses　　parlé	parlons
il parle	il ait　　parlé	il parlât	il eût　　parlé	parlez
nous parlions	nous ayons parlé	n. parlassions	n.eussions parlé	不定法
vous parliez	vous ayez　　parlé	v. parlassiez	v. eussiez　　parlé	現在　　parler
ils parlent	ils aient　　parlé	ils parlassent	ils eussent parlé	過去 avoir parlé

参考： 準助動詞（例）

Aller+inf.(不定詞)	近接未来 Le train va partir 列車は出ようとしている （英語の be going to+不定詞に相当）
Venir de+inf.	近接過去 Je viens de manger 私は食べたばかりです （英語の have just+過去分詞に相当）
Venir à+inf.	偶然の事実 Un taxi vint à passer タクシーが丁度通りかかった
Faillir+inf.	危うく〜するところ J'ai failli manquer mon train 私は危うく列車に乗り遅れそうになった
Manquer+inf.	危うく〜するところ Il a manqué de tomber 彼は危うく倒れるところだった
Devoir+inf.	〜ねばならない。〜のはずだ。 Vous devez partir あなたは行かなければならない
Pouvoir+inf.	〜かもしれない Il peut pleuvoir 雨が降るかもしれない
Laisser+inf.	（放任）　〜のままにする Laisse-moi partir 私を行かせて下さい
Faire+inf.	（使役）　〜させる Faites venir mon fils 私の息子を来させて

14. 曲名・歌手・作詞者・作曲者 一覧表

1. 曲名　　ラ・メール　　　　　　LA MER
   歌手　　シャルル・トレネ　　　CHARLES TRENET
   作詞　　Charles Trenet
   作詞　　Charles Trenet & Albert Lasry

2. 曲名　　幸福を売る男　　　　　LE MARCHND DE BONEUR
   歌手　　シャンソンの友　　　　LES COMPAGNONS DE LA CHANSON
   作詞　　Jean Broussolle
   作曲　　Jean-Pierre Calvet

3. 曲名　　サン・トワ・マミー　　SANS TOI MAMIE
   歌手　　アダモ　　　　　　　　ADAMO
   作詞　　Salvatore Adamo　　　　日本語詞　岩谷時子
   作曲　　Salvatore Adamo

4. 曲名　　セ・スィ・ボン　　　　C'EST SI BON
   歌手　　イヴ・モンタン　　　　YVES MONTAND
   作詞　　André Hornez
   作曲　　Ange Eugene Betti

5. 曲名　　ムーラン・ルージュの唄　MOULIN ROUGE
   歌手　　ジョルジュ・ゲタリー　GEORGES GUETARY
   作詞　　Jacques Larue
   作曲　　Georges Auric

6. 曲名　　バラ色の人生　　　　　LA VIE EN ROSE
   歌手　　エディット・ピアフ　　EDITH PIAF
   作詞　　Edith Piaf
   作曲　　Pierre Louiguy

7. 曲名　　モンマルトルの丘　　　COMPLAINTE DE LA BUTTE
　　歌手　　コラ・ヴォケール　　　CORA VAUCAIRE
　　作詞　　Jean Renoir
　　作曲　　Georges Van Parys

8. 曲名　　枯葉　　　　　　　　　LES FEUILLES MORTES
　　歌手　　イヴ・モンタン　　　　YVES MONTAND
　　作詞　　Jacques Prévert　　　日本語詞　岩谷時子
　　作曲　　Joseph Kosma

9. 曲名　　恋は水色　　　　　　　L'AMOUR EST BLEU
　　歌手　　ビッキー　　　　　　　VICKY LEANDROS
　　作詞　　Pierre Cour
　　作曲　　André C. Popp

10. 曲名　　雪が降る　　　　　　　TOMBE LA NEIGE
　　歌手　　アダモ　　　　　　　　ADAMO
　　作詞　　Salvatore Adamo　　　日本語詞　安井かずみ
　　作曲　　Salvatore Adamo

11. 曲名　　愛の讃歌　　　　　　　HYMNE A L'AMOUR
　　歌手　　エディット・ピアフ　　EDITH PIAF
　　作詞　　Edith Piaf　　　　　　日本語詞　岩谷時子
　　作曲　　Margueritte Monnot

12. 曲名　　詩人の魂　　　　　　　L'AME DES POETES
　　歌手　　シャルル・トレネ　　　CHARLES TRENET
　　作詞　　Charles Trenet
　　作詞　　Charles Trenet

１５．項目早見表　（）内は頁を示す

項目	曲名	発音関連	文法関連
0	目次、案内、等 (3-14)	はじめに (3) 目次 (5-7)、案内、ユーチューブの活用　ユーチュブカラオケの活用、等 (8-13)、　フランス語の字母 (14)	
1	ラ・メール (16, 17)	r と l、語末の e の発音 (18)	冠詞、冠詞の縮約、無冠詞 (19)
2	幸福を売る男 (20-25)	語末の子音字の発音　Je, Tu, Vous の発音 (26)	人称代名詞 (27)
3	サントワマミー (28-31)	ai, ou, oi 等連続母音字の発音 (32)	所有形容詞と所有代名詞 (33)
4	セ・スィ・ボン (34-39)	si, s の発音、エリズィオン (40)	指示形容詞と指示代名詞 (41)
5	ムーランルージュの唄 (42-45)	母音+n　母音+m の発音　（鼻母音）(46)	人称法動詞の 4 mode（46）　① 直接法（47）
6	バラ色の人生 (48-51)	リエゾン(52)　リエゾン語末子音の発音　リエゾンしない組合せ (53)	―
7	モンマルトルの丘 (54-57)	アンシェヌマン、h の発音 (58)	② 命令法（59）
8	枯葉 (60-63)	半母音の綴りと発音 (64)	③ 接続法（65）
9	恋は水色 (66-71)	cœur と court の発音の相違、bleu の発音 (72)　母音表、半母音、鼻母音 (73)	―
10	雪が降る (74-77)	カタカナ表記と実際の音節, 語末 e による音節増加 (78)	動詞の種類 (79)
11	愛の讃歌 (80-83)	―	Si を用いた仮定の表現 (84)　　④条件法 (85)
12	詩人の魂 (86-91)	―	動詞 avoir（92）　動詞 être（93）
13	動詞語尾変化表　主要動詞活用表等 (94-99)	―	動詞語尾変化表　直説法 (94)　動詞語尾変化表　命令法・条件法・接続法 (95)　動詞 avoir の活用 (96)　動詞 être の活用 (97)　-er 動詞の活用 (98)　　参考：準助動詞 (99)
14	曲名・歌手・作詞者・作曲者　一覧表 (100, 101)		
15	項目早見表 (102)		

日本音楽著作権協会（出）許諾第 1615473-601 号

カタカナ　シャンソン　フランス語

2017 年 3 月 19 日　初版第 1 刷発行

著　者　うのわ周行（ウノワ・シュウコウ）

発行所　ブイツーソリューション
　　　　〒466-0848　名古屋市昭和区長戸町 4-40
　　　　電話 052-799-7391　Fax 052-799-7984

発売元　星雲社
　　　　〒112-0005　東京都文京区水道 1-3-30
　　　　電話 03-3868-3275　Fax 03-3868-6588

印刷所　モリモト印刷
ISBN 978-4-434-23081-3
©Shuco Unowa 2017 Printed in Japan

万一、落丁乱丁のある場合は送料当社負担でお取替えいたします。
ブイツーソリューション宛にお送りください。